余缙传

余全耿 著

浙江工商大学出版社
ZHEJIANG GONGSHANG UNIVERSITY PRESS

图书在版编目(CIP)数据

余缙传/余全耿著. —杭州：浙江工商大学出版社，2018.10
ISBN 978-7-5178-2986-7

Ⅰ.①余… Ⅱ.①余… Ⅲ.①余缙(1617-1689)—传记 Ⅳ.K827＝49

中国版本图书馆 CIP 数据核字(2018)第 234339 号

余缙传

余全耿　著

责任编辑	周敏燕	
封面设计	杭州大漠	
责任印制	包建辉	
出版发行	浙江工商大学出版社	
	(杭州市教工路 198 号　邮政编码 310012)	
	(Email：zjgsupress@163.com)	
	(网址：http://www.zjgsupress.com)	
	电话：0571-88904980,88831806(传真)	
排　　版	杭州大漠照排印刷有限公司	
印　　刷	杭州丰源印刷有限公司	
开　　本	880 mm×1230 mm　1/32	
印　　张	6	
字　　数	110 千字	
版 印 次	2018 年 10 月第 1 版　2018 年 10 月第 1 次印刷	
书　　号	ISBN 978-7-5178-2986-7	
定　　价	30.00 元	

自 序

从懂事起，我就一直耳濡着祖辈余纶、余缙兄弟俩从小胸怀大志，发愤学习，先后高中进士的故事。作为余缙第九世孙的我，对祖辈科举及第、学优则仕、廉洁奉公、正直敢言的事迹充满着崇敬之情。

近年来，随着浙江省诸暨市《暨阳高湖余氏家谱》的重续，余纶、余缙兄弟等祖辈的故事被逐渐梳理出来，呈现在世人面前。高湖余氏狭小的"进士第"，在明崇祯至清道光的一百七十年间，接天地之灵气，先后走出了八位进士，其中余缙系顺治壬辰科（1652）进士，其兄余纶系崇祯癸未科（1643）进士，其侄余一燿为康熙壬戌科（1682）进士，其子余毓澄为康熙戊辰科（1688）进士，其孙余懋楝为雍正庚戌科（1730）进士，其曾孙余文仪、曾侄孙余斌均为乾隆丁己科（1737）进士，其六世孙余坤为道光己丑科（1829）进士。据《绍兴市志》记载，清朝整个诸暨市共有四十八位进士，而高湖余氏就占了七席，足见余氏文脉之盛。高湖余氏成了远近闻名的进士家族。此外，同期前后，高湖余氏还走出了十名举人，授知府五人，知县十三人，其中不乏一品大员,青史留名者七人。余氏子弟勤奋好学,登上科举之巅,代代相继,亦官亦儒,著书立说二十余人,诞生了令人肃然起敬的书香门第。其中余文仪主修的《台湾府志》,其"海防篇"章节中有钓鱼岛相关记述,为钓鱼岛自古就是我国的领土提供了法理依据。

细读清代《乾隆诸暨县志》《光绪诸暨县志》《康熙诸暨县志》,余缙家族多人荣登进士事迹赫然在列。梳理其家庭科举脉络,俩兄弟、祖孙三代、俩堂兄弟相继荣登进士,诸暨仅此一家,成为清代科举之绝唱,更成为诸暨耕读传家之典范。

余缙(1617—1690),名缙,字仲绅,号浣公,浙江诸暨历史名人。自幼勤读诗书且胆略过人,关心国事。闻魏忠贤乱政,拟为弹章,识者赞其有埋轮之志。任河南封丘知县时,体察民情,为民请命,赢得百姓的好评。作为一名监

余缙画像

察御史,他仗义无畏,奏章弹劾皇戚,为民除害。他曾一针见血地指出:民生安危视吏治,吏治贪廉视督抚。又高瞻远瞩,在各方要求放弃舟山时,向朝庭上奏"舟山必不可弃之疏",为以后施琅收复台湾打下了基础。同时又积极进谏,要求削反三藩势力,加强中央政权,表现了卓越的才华

和非凡的勇气。他孝字当先,聆听父亲教诲,爱民如子。在仕途上升通道时,毅然上奏乞归养父母,日夜照顾年事已高的父母直至临终。他公正廉明,为官一地造福一方百姓。作为一代名宦,其事迹入选《清史稿》。归仕后,作为振耀余氏家族领军人物的余缙,建祠堂,置祭田、设义仓、立义学、赈贫乏、撰家训:读书,起家之本;勤俭,治家之本;和睦,齐家之本;循理,保家之本……他满腹诗书,下笔如神,诗词赋疏,无体不通,撰写的《大观堂文集》列入《四库全书》存目。

读圣贤之书,登科举之巅,做廉洁之官,立德、立功、立言,成为余家后人的终极理念,经过长时间的坚守和熏陶,已凝聚为余氏家族世代不移的风气和人格力量。

父辈已迁居在外的我,读着《暨阳高湖余氏家谱》《大观堂文集》,许多次魂牵梦萦,梦回高湖,梦游进士第……一种家族的责任感油然而生,忽然有一个声音在叩击着我的灵魂,要把他的事迹写出来,写一本《余缙传》,传承家训文脉,激励后人。2017年是余缙诞辰四百周年,更似一把鞭子抽打着我,催促着我赶快完成这部书稿。

作为余缙后人的我,怀着对祖辈的敬仰,斗胆在历史的虬枝中攀折找寻,试图将杂乱不堪的枝条理顺,让枯木可以逢春,并萌发出新芽。于是,便有了这一本充满历史沧桑的书。

这是第一本关于余缙的白话文传记。全书以时间为轴,串连起余缙的人生轨迹,记录了他一生求学、科举、入仕、乡居的经历,并与他一生璀璨的诗词、奏疏互为编织,诗文与生命经历互为注解,力图还原一个才华出众、清正刚直、一心为民的余缙形象。

这是一部清代科举史,详细记录了他从私塾到书院,从秀才到举人,从举人到进士的全部求学和童子试、乡试、会试、殿试的科举经历;这是一部典型的清朝仕途史,层层展现了他如何一步步从封丘知县擢升至山西道试监察御史、河南道监察御史的宦海生涯,以及其间治邑、救灾、治河、巡查、办案等的全部经过;这又是一部丰富的清朝人文史,详细介绍了八股文、谒选、归养、丁忧、光禄寺、祭孔、乡饮大宾等传统文化知识,带你走进清代历史博物馆,领略那段时光,撷取一朵朵知识的浪花。

让我们一起穿越时光,追寻余缙的足迹,探究余氏名门文脉昌盛、满门才俊的奥秘,剖析余氏望族一心为民、清正廉洁的仕途秘籍,传习耕读传家、诗礼之家、清廉之家的家风家训,不忘根本,面向未来,让传统文化焕发出新时代的风采。

目 录

一、出生名儒家

　　在西施故里浙江省诸暨市区东北方五六公里处有一个如画之村，半山、半水、半郊，名叫高湖。高湖村位于整个高湖湿地之中，四周溪流纵横，湖塘交错，湖中有田，田中有湖，人湖共居。村口屹立着一棵几百年树龄的大樟树，树冠茂盛，根须飘飘，酷像一位慈祥的老人站在村口日夜等候着归家的亲人，古树底下是村民纳凉、议事的主要场所。它的存在见证了高湖村的历史，

高湖村口 700 年大樟树

让人向往聆听那些流转数百年的文脉传说和神奇故事，去感受古老、淳朴的耕读传家之风。村右边为山，山北向如列屏，似一支支彩笔，又像一块块青玉，形态万千又井然有

序。东西向的山合抱如虾钳,有静沉戏水之乐,故名仙虾山。东北向的山南高北低,似伏藏马鞍,仿佛即将出征,故名为安山。山上皆林荫茂密,使村荫于山。左侧为溪涧,远处亦有一个个大小不同的湖泊。只见湖面上波光粼粼,在和风爱抚下,漾起层层縠纹。时而有鸟雀亲吻它的脸庞,时而有鱼儿跃出它的怀抱,犹如一潭诱人的陈酒,静静的,清盈盈的;又宛如一块无瑕的翡翠,亮亮的,碧绿碧绿的。那一只只渔舟,荡漾在这明净的湖上。船桨激起的微波,荡起一圈圈涟漪,阳光一照,恰似黄金洒满整个湖泊。粉的,白的,一朵朵美丽纯洁的荷花装饰着这碧玉般的湖面,显得尤为美丽动人。

"画图之中朝晖而夕荫者,烟云之卷舒也。烟云无定姿,亦与之为无定姿者,景物同而晦明殊也……盖聚祖居者五百年,宅而宅,畋而田,居民三百户,族姓余也。出暨城东北行,逦迤十五里,邑之泰南乡六十八都也。"余氏后人,原之江大学国学文学系教授余重耀在《高湖记》是这样描述二十世纪初高湖村的。

南宋之际,诸暨高湖余氏的第一代先祖是龙游人大二,酷喜山水,寻幽于此。他精通地理风水的相术,观看流水走向,寻觅静谧之所,爱这里的明秀山水,认为这里是个发祥之地,便萌生迁徙于此的想法。不久,他便举家迁居高湖,开垦荒地,诛茅剪棘,辛苦耕作,岁收尚丰,在湖里捉鱼捕虾,养育后人。在这片得天独厚的地理环境中,一代又一代余氏后人繁衍生长，孕育着美好和希望。

余氏先人余端礼在宋代高中绍兴十八年戊辰科(1148)进士，在余氏后人中播下了读书的种子。自此，余氏子弟勤奋好学，在劳作的空余时间，阅读史书渐渐成为生活的一部分。

时间的车轮转到明朝万历年间，高湖村里有一位名儒叫余元文，在余家四兄弟中排行第四。其兄长元庆，自幼饱读诗书，考授山东阳谷县主簿，后来因厌倦官场生活而归居乡里。元文自幼读书过目不忘，才华出众，因生性不喜欢做官而没有应科举之试做官。他喜欢自由自在的生活，游览山水，为人刚毅忠厚，深明大义，遇乡里不平之事，力主公道，深受村民爱戴。他酷爱阅读经史，喜爱收藏诗书，一遇到喜欢的书便不惜重金予以购买，因此家里藏书颇多。他还研习医术采集草药，医术高明，为当地百姓看病治疗不收取分文钱财。因此很远的百姓都慕名前来，治愈者不计其数。

明万历四十五年(1617)二月十五日早上五时，天气寒冷，外面下着鹅毛大雪，屋内火炉很旺，余元文第二个儿子平安出生了，取名缙，字仲绅，其出生的日期与时辰竟然与父亲一样，于是从出生那刻起就赢得了爷爷和父亲更多的关注和喜爱。缙绅，古代称官僚或做过官的人。其实从取名起，余缙就被寄予着家族的希望和重托，希望有一天他能做官升职，成就一番事业。余家第一个儿子叫余纶，字

伯绶,号岸修,已经六岁了,聪明可爱,富有个性。取名为
纶,纶是古代官吏系印用的青丝带,也寄托着父母希望他
能升官发财的愿望。

余缙从出生起就与众不同,天生聪慧,乖巧懂事,很早
就学会了说话和走路。在余缙周岁的时候,余家按照当地
的习俗举行"抓周"仪式,可爱的他看了所有物品后,不假
思索地一把抓住了毛笔。余家上下一下子轰动起来,特别
是他爷爷不停地唠叨:"余家要出人才了,余家要出官了
……"可以说,余缙从小就受到余氏家族所有人的喜爱。
或许从出生那刻起,这个不平凡的男孩注定要给余家带来
一代代的文脉兴旺和振庭耀祖。

余家在乡里算是一般的中产之家,拥有一些田产。余
元文作为一个饱学之士,深知"万般皆下品,唯有读书高"
和"朝为田舍郎,暮登天子堂"的道理,寒门子弟改变命运
的途径只有一条——读书。一介平民布衣就是这样出人
头地的,苏秦刺骨苦学,身配六国相印,成一代纵横家;匡
衡凿壁偷光,官至宰相;车胤囊萤,孙康映雪,成就一代名
臣……因此,元文不惜变卖田地家产供儿子读书,直到后
来余缙考中进士时,家里的田产已卖得所剩无几。

余元文望子成龙心切,余纶、余缙两个儿子自懂事起,
就教他们读书识字,阅读史书,浸染书香。明天启二年
(1622),余缙六岁时,他聘请了当地一位有名的秀才做塾
师,开始对孩子们进行科举启蒙教育。余缙在孔老夫子的

圣像前恭立,向孔老夫子和先生各磕一个头后,就算取得入学的资格,开始正式进入私塾读书了。塾师十分注重教养教育,对学生的行为礼节,像着衣、叉手、作揖、行路、视听等都有严格的具体规定,非常强调养成良好的道德品质和生活习惯。讲课时,先生正襟危坐,学生依次把书放在先生的桌上,然后侍立一旁,恭听先生圈点口哼,讲毕,命学生复述。其后学生回到自己座位上去朗读。凡先生规定朗读之书,学生须一律背诵。

塾师每次备课、上课、课后改作都非常认真投入。每天清晨,他让学生们先复习前一天或更早一些时候学习的内容,值到每个学生能背诵为止,才开始学习新的内容。每天都学习新内容,背旧内容,以读、背为主,不断复习。他对孩子们的教育严厉近乎苛刻,班上有不完成作业和写字潦草的孩子则会被狠打手心和屁股,甚至罚站罚跪。在众多的学童中,余缙兄弟俩那绝顶聪明的头脑很快显露出来,最受老师夸奖。兄弟俩很是懂事听话,知道"学而优则仕"的道理,从读书的那天起,就向往有一天能考取功名,光耀祖宗。他们非常认真地背诵,练习书法,按塾师的要求完成各种作业。兄弟俩资质颖悟,聪慧过人,加上刻苦学习,每次课文念过几遍后就能背诵,识字量很快就超过了一千个字。

余元文在完成农耕之余,督课非常严厉,对孩子们要求十分严格,对塾师教过的文章必须一字不漏地背诵。他往往等孩子们回家,对老师教过的课文进行抽背,如果发现有背错的地方,则令孩子不能睡觉,直到背得熟练为止。有时还不断地拔高要求,许多文章要求孩子能够倒背,能完整地讲述全部意思,充分理解文章内容,真正做到融会贯通。他还查看孩子的写字和作业,一笔一画对照,发现有细微的错误决不放过。这样严厉的家庭教育,对余缙兄弟俩打下扎实的学习基础起了不可替代的作用。

通过一年的学习,余缙兄弟俩学得非常扎实,接受知识非常快,无论是《百家姓》《千字文》,还是《三字经》《千家诗》都熟读理解,内化于心,甚至能够倒背如流。他们写的小诗和文章富有见地,清新自然,多次受到塾师表扬。余缙在后来的《愚说》中写道:"予幼时,听馆师讲论至此,亦不禁愕然曰:此理至明,何止童子知之?从此惝恍若失,几废寝食者久之。"

幼时的余缙十分喜欢大雪,每到寒冬腊月天气突变之时,便狂喜不已,一再期盼下一场鹅毛大雪。大雪过后,江山一色,余缙则乘兴游历,登高涉深,往往废寝忘食,甚至常常玩得忘记了回家。

余缙兄弟俩在学习之余,力所能及地帮父母完成一些农活,与伙伴们一起去河里摸螃蟹、抓小鱼,去田里挖黄鳝、捉泥鳅,玩耍嬉戏,享受着童年的快乐。

春天是捉泥鳅最好的时节。稻田里的泥鳅生长繁殖非常迅速,随处可见在泥土中上蹿下跳的泥鳅。到了稻田播种前后时,中午天气好的时候,余绪兄弟俩带上小竹篓,便会约上村里几个好朋友一起去捉泥鳅。他们来到事先看好的田间地头,找准泥鳅在水田里出没的位置,开始捉泥鳅。泥鳅隐藏的地方泥土一定是松软的,通常会留下爬行的痕迹,出没处的泥面有一圆孔,有时还会冒出泥鳅呼吸的气泡。瞅准位置后,双手掌心相对向下,形成一个包围圈,快速地插入泥土中,双手迅速将这摞泥土捧起,放在干燥的田埂上。然后用手拨开泥土,就会发现一条甚至几条泥鳅在田埂上活蹦乱跳,赶紧把它抓住,放进小竹篓里。一个时辰下来,往往收获颇丰,很快泥鳅装满了竹篓,兄弟俩边抓泥鳅边嬉笑打闹,快乐的笑声荡漾在田野里。

到了晚上,兄弟俩又拿着捉泥鳅的工具出门去了。捉泥鳅工具包括两部分,一个是捉泥鳅的扎子,用那种缝被子的长针,绑在一根棍子上,成一排,发现水里有泥鳅时,便扎下去;另外一个工具是照明工具,一般用火把,收集一些油性强的木材,像樟树之类一些树木的结节处,烧起来容易,而且明亮、持久,用来照亮水田下栖息的泥鳅。风清星闪,蛙鸣如潮,虫鸣阵阵,在一幅很美的乡村画下,兄弟俩走在田埂上,打着火把在田地寻找泥鳅。天气越热,泥鳅出泥来乘凉越多,一条条趴在水田里一动不动。发现后,不能惊动,轻轻地将扎子一扎,扎住了,提上来,在竹篓边敲一下,就掉进篓里了。水田里到处是泥鳅,一个晚上下来,可以捉上满满的一篓泥鳅。

夏天,元文带余缙兄弟俩去田间干活。秧田谷子刚刚发芽,为防止麻雀来偷吃,便叫孩子看管,自己顺便去隔壁的下章村办事。一刻钟后,元文回来了,只见秧田另一头有两只小稻鸡唧唧在叫,不见孩子俩。孩子去哪儿了呢?是不是玩水遇到危险了?元文焦急万分,责备自己不该放任孩子,含泪高喊着。听到喊声,兄弟俩似从天而降,突然赤裸裸地站在他的面前,满身田泥,只留一对机敏的小眼睛。元文真是又好气又好笑,真想好好教训一番。原来,他走不久,天空中的老鹰发现了田埂边找妈妈的两只小稻鸡,而俯冲下来抓它们。兄弟俩几乎同时喊道:"你抓小稻鸡,我们抓你。"于是,两人脱光衣服糊上烂泥,躺在田垄里,手中各抓一只小稻鸡,诱惑老鹰下来,打算伺机抓住老鹰。可惜老鹰没抓到,却叫父亲担惊受怕,怕老鹰啄瞎了孩子的眼睛……余缙兄弟俩就这样享受着乡村"童子时钓游之乐",童年过得充实而快乐。

有一天,余家来了一位客人,客人见余缙面容清秀,聪明伶俐,存心考他,接连出了三个对子:"风清""山奔海立""一庭春雨瓢儿菜"。没想到小小的余缙毫无惧色,对答如流:"月朗""沙起雷行""满架秋风扁豆花"。客人发现对子对得字字工整,无懈可击,非常惊讶,连声赞叹余缙是个神童。

余缙兄弟俩系统学习了《四书》《五经》等内容。他们才思敏捷,熟读唐诗宋词,即可作诗抒怀,因而才华出众,渐渐地在整个乡里有了很大的名气，成为一对难得的"神童"。

"七岁时能作文赋诗，时人以'神童'誉之。"一天，余缙在父亲的带领下赴诸暨文昌阁接受测试。考官登临浦阳江畔的文昌阁，只见太平桥下七只鸭子在浮游觅食，即兴而出上联："七鸭浮水数过去三双一零"，叫余缙对下联。此联属数字联，又暗含数字的加法，十分难对。喧闹刹时被寂静所替代，人们的目光不约而同地投向他。陪同的父亲也不免手捏把汗，替孩子担心，怕对砸，怕遭指责……七岁的余缙眨眨眼，笑眯眯地抬头对考官说："现在对联?"考官点点头。余缙转头望见江面上鲤鱼跳跃，窜出水面好高，顷刻钻入水中，留下一道道波纹，灵机一动，连忙指那儿喊："看，鱼!"然后用十分稚嫩的语气吟出下联："尺鲤破浪量将来九寸十分。"浦阳江畔又一次陷入短暂的平静，考官对余缙的下联赞叹不已，直夸是个神童。考官喜欢刨根问底，转头问余缙："今天真好运气，万一没鱼出水咋办?"余缙昂头大声说："有路必有人，有水必有鱼，这还用说吗?"考官摸着他的头，笑眯眯地说："神童! 神童! 一点都不过分!"笑声、掌声、赞叹声此起彼伏，一浪高于一浪。众人都说下联与上联珠联璧合，天衣无缝，无可挑剔，充分显示了小小余缙的出众才华，小神童之名即刻远播。

乡里有一个"鲜虾风水"的传说就是那时开始的。当年，元文岳父家请了一位风水先生来看坟地，几年了一直没择好地方。岳父便在农历大年三十上午辞退其回家,风水先生回家时路过高湖,刚好遇见了元文在湖边打渔。元文盛情邀请风水先生到家过年,先生执意不肯。先生一再推却,眼看实在推辞不了,就说:"现在一网下去,如果打上来有两条一模一样的鲤鱼,我就到你家过年,反之则回家过年。"话音刚落,元文一网下去,拉上网只看到两条一模一样的鲤鱼在活蹦乱跳。真是天意,风水先生就跟他回家过年了。

余家虽然贫穷,但热情好客,将好酒好菜都拿来招待风水先生。饭后,风水先生很是感动,借着酒兴便说:"其实我早已看好一处风水宝地,只因你岳父为人苛薄,不够厚道,便一直隐瞒至今。这块风水宝地就在附近的鲜虾山,今天我们相识有缘,我就把这个宝地的位置告诉于你。只是这块地属你岳父家,他一向势利,以后肯定会后悔,因此一定得向他要一份书面赠送地契字据才可。"

元文照着先生的办法,向岳父要了那块宝地,并拿到了赠送的字据。几天后,余元文将祖辈的"扶丧"①安葬在鲜虾山那块风水宝地上。

风光果然十分强大而灵验,下葬后,余氏子孙越发聪明,读书考试成绩越来越好,做官的人越来越多,官员职务

_____

① 诸暨地方的一种风俗,指人去世后不直接下葬,将装尸体的棺材存放在田野上搭建的简易小屋里,几年后才下葬。

升迁也越来越快。而岳父家厨房里放置的碗盏突然发出声音来了,昭示着他家运气将越来越差。岳父赶紧找来另外高明的风水先生来破解,在鲜虾山对面造了一座打油的麻车,企图抑制"鲜虾风水"。但出乎意料的是,"鲜虾风水"十分强大,麻车一撞,鲜虾反而跳得更加鲜活,岳父家的情况反而越来越糟,只能罢休。

一计不成,又生一计,果然不出所料,岳父向衙门告状,请求收回那块风水宝地。在衙门里,余元文向县令出示了岳父同意赠送的字据。字据上有:今自愿赠送女婿余元文用以安葬祖辈的土地一丈等字样。年纪尚小的余纶拿过笔,将字据上的"一"加上一竖,变成了"十"字。一旁尚幼的余缙也爬上桌子,将字据上的"十"字加上一撇,变成了"千"。县令和岳父十分震惊,惊叹于余纶、余缙的杰出才识。岳父一看情况不对只得作罢。县令对兄弟俩十分欣赏,有意考考他们,当场出上联:"小小青蛙穿绿袍。"余缙不假思索,脱口而出:"大大螃蟹着黄袍。"县令对余缙的才识赞口不绝。兄弟俩智斗县令和外公的故事传遍了整个诸暨,流传至今。

是否真有"鲜虾风水"的作用,才使余缙兄弟俩从小聪明过人,以后余氏后代相继登第,已无考证的必要。因为风水的传说,给兄弟俩的成长蒙上一层神秘的色彩。于是村子里又多了一个个神奇的传说,余纶、余缙兄弟去附近的琅山村私塾求学,每天早出晚归。晚上回来天黑时,天空中高挂着一盏照明的灯笼,那是天上的菩萨在为兄弟俩指路,长大后必成大器。

一天夜里,天空黑如一团墨汁,还下着毛毛雨,每晚在村口等候孩子们回家的元文被冷风一吹,不禁打了一个寒颤。他始终不见那一盏神灯照孩子回家,心里非常着急。一会儿终于等到孩子回来了,赶紧回家换掉淋湿的衣服。他语重心长地问孩子,今天做了与往常什么不同的事?余缙说:"帮私塾先生写了几个'拆'字。"

原来,琅山村有一对青年夫妻,相亲相爱,妻子身材丰腴,肤白貌美,似西施再生。乡里一个地痞流氓见之失魂落魄,为之倾倒,想方设法想要得到她。于是买通巫婆,传出妖言:"他们俩不能白头到老,定要活拆,否则死也要拆,只有离婚才能救得双方性命。"这对夫妻十分迷信,不知其中有诈,遂到私塾先生之处请求书写离婚协议。私塾先生知道帮别人书写离婚协议是缺德之事,但收了流氓的钱财只得硬着头皮答应。他让余缙书写了几个"拆"字于纸上,打算剪下来拼凑成一份离婚协议。

元文常常教育孩子,缺德之事万万不可以做。第二天一早,他领着孩子到先生家中,让余缙用牙齿将自己写在协议上之"拆"字咬去。晚上,又见天空中神灯高照,照亮着余缙兄弟回家的道路。

从那时起,元文就给余氏子孙立下了一个独特的规矩:不能替别人书写离婚协议。这个规矩一直传到现在,余氏后人都循规而行。

余缙没有因"神童"称号昏了头脑,知道功名之路十分坎坷,天天坚持很早起床,不骄不躁,继续不断地努力,认真阅读和写诗,攻读古诗文。他在勤读诗书的同时,没有迷失在如林的经书里,依然十分关心国家大事,拥有远大理想,期待着有一天能为国家做出贡献,造福百姓。

明熹宗天启年间,宦官魏忠贤专权,统治更加黑暗。东林党人上书告发魏忠贤及阉党的罪行,被阉党视为大患。魏忠贤凭借着总督东厂官旗等事权,倒行逆施,为剪除异己不惜恣意罗织罪状、大兴冤狱。天启五年(1625)八月初六日,魏忠贤借熊廷弼事件,大兴冤狱,捕杀东林党领袖。诬陷东林党的左光斗、杨涟、周起元、周顺昌、缪昌期等人有贪赃之罪,大肆搜捕东林党人。天启六年(1626),魏忠贤又杀害了高攀龙、周宗建、黄尊素、李应升等人,东林书院被全部拆毁,讲学亦告中止。消息传到私塾,正在就学的余缙义愤填膺,脱口而出:"阉党魏忠贤罪该万死,我当誓死应作弹劾之文"。塾师惊叹不已,赞他"有埋轮之志,为拾遗补阙之材"。余缙少年就有鸿鹄之志,敢于直言,怀有为国效力的远大抱负,在师生中留下了非常深刻的印象。

随着余纶、余缙兄弟学识的不断增长,塾师以无法胜任而告辞。父亲元文不惜变卖田地,花重金送两个儿子遍寻名师求学。他们从诸暨到绍兴,从绍兴到杭州,又从杭州辗转回到诸暨,只要寻得名师指点,不怕路途遥远和生活不便。

崇祯元年戊辰(1628)，余缙十二岁时，在杭州清涟禅寺(玉泉寺)求学。余缙在后来的《嗜说》中写道，"年十二从学玉泉寺。山上多长松茂竹，石涧淙淙，恒坐卧其下，听黄鹂语，竟日忘倦。或风雨夜至，闻石泉滑滑可听，则挑灯达曙，不欲呼同学者告之也。"崇祯三年庚午(1630)，十四岁时，"迁馆江浒庵。庵滨江，多竹木萝茑，森麓可爱。夏月恒缆小舠垂钓其下，至朝铺忘归。俗辈多以嬉游相嘲，殊不解赋性若是，非咕哔可移其好也。"

崇祯四年辛未(1631)，余缙十五岁时，"偕兄余纶读书于舍南草庐，方夏月，逃暑无地，因席地，坐观蚁螳以销永日。"接着，又"始至武林，观西子湖而乐焉。于是登五云，入天竺，历览峰壑之胜，觉目光所及，恍如旧游。而最耽爱者，唯灵隐之冷泉及净慈、孤山诸胜，余虽芳妍怿目，非意趣所酷嗜矣"。

余缙兄弟在父亲的支持下，不辞劳苦，不断地进入书院名校学习，系统学习《古文观止》等书籍，并学写以应乡试为目的的作文。科举的作文以八

余缙旧居进士第

股试帖为正课,其余诗词歌赋为杂作。八股文按照破题、承题、起讲、起股、中股、后股、束股、大结八个序列作文。其中之"股"须句式双行,排偶对比,全篇五百至七百字,格式固定,要求严格对仗,书写难度很高。余缙在诗词、骈文方面极富天赋,通过练习揣摩,经过老师们一次次的修改和讲解,进步神速,撰写的八股文完篇终于赢得了书院老师的好评。特别是了解到了科举考试的一些规则:试卷内文字不允许出现错字、别字、省漏个别字的笔画,每个字都要完全一笔一画地写,不允许出现行书、草书,要保持试卷整洁,不许挖补,不许空行空格,墨迹污染,不能越出格外。写好以后,不能添字、补字、涂字,最好文章写完,空格填满,一字不多,一字不少。此外,诗、赋、策文中文字的书写有严格的规定。如果出现哪怕一处潦草的字或者有一处涂抹,该试卷即宣告作废,考官就不会再阅读。草稿纸上必须有草稿内容,不然会认为是抄袭。答卷上更不能出现本朝皇帝的名字等字眼,否则会受到惩罚。

从家乡的私塾到杭州的玉泉寺,从玉泉寺到江浒庵,又到舍南草庐……余缙接触了许多名儒大家,如饥似渴地学习,认真听讲,虚心请教,熟读背诵经史诗文。他把文字经典诗文整篇背熟,背书时不仅注重文章的内容、知识,还十分注重文字措辞和典故出处,才学突飞猛进。他将自己的心灵沉浸在经典古籍中,博览群书,学问日进,进步神速,经史子哲、诗词歌赋无一不通。这些丰富的求学经历,不断增长着他的知识,也进一步锤炼了他的科举应试能力,拓展了他的政治视野。

二、漫漫中举路

科举制度是中国历史上考试选拔官员的一种基本制度。渊源于汉朝,创始于隋朝,确立于唐朝,完备于宋朝,兴盛于明、清两朝。科举制度的产生是历史的必然和一大进步,它所一直坚持的是"自由报名、公开考试、平等竞争、择优取仕"的原则,给广大平民百姓通过科举的阶梯而入仕以登上历史的政治舞台,提供了一个公平竞争的平台、机会和条件。可以说,科举制度是中国历史上、也是世界历史上最具开创性和平等性的官吏人才选拔制度,也成了古代读书人趋之若鹜、梦寐以求的人生最高目标。

读书人在应科举以求功名的路上,要经过考取生员、考取举人和考取进士这三个步骤。在这一过程中,要经历很多次考试,科举之路实在非常之艰辛,但在当时是低下层读书人唯一的出路。也只有这样,才能通过自己的努力而进入中上层社会。

随着遍访名师的求学经历,余缙的书法刚劲有力,笔锋直透纸背,知识越来越丰富和扎实,文学素养越发深厚,在名师的指点下准备参加生员考试。

生员考试又称童子试,是最初级的考试,但它不是一次一场考试,而是一组、一系列的考试。在清朝各级科举考试中,生员试虽然层级最低,但规制最为复杂,分为县试、府试和院试三个级别,只有逐级通过才能成为秀才。其中县试由考生所在县的县令主持,府试由考生所在府或者州、厅的知府、知州、同知等主持,院试由考生所在省份主管教育的学政主持。

明崇祯六年(1633)二月,天乍冷,十七岁的余缙与兄长余纶一起天蒙蒙亮就从家乡高湖步行出发,一个小时后到达县城。到了县学门口,人山人海,热闹非凡,前来应试的童生有近一千名,加上陪考的,看热闹的,一下子把门口挤得水泄不通。考试前后,县学宫周边商肆旅店热闹非凡。远道考生均提前于学宫附近预订客栈,前夜住下。每个童生均备两层"考篮"一个,上一层装笔墨文具及必备书籍等,下一层装点心水果之类。

余缙首先向县衙署的"属礼房"(相当于今天的教育局)报名,填写了父母、祖父母、曾祖父母三代存、殁、已仕、未仕之履历,交纳一定的报名费,接受资格审查。审查的内容主要包括:保人是否合格,考生三代以内的亲属是否身家清白,是不是优娼皂隶,有没有犯罪记录,考生本人信息是否属实,是不是冒名顶替等。审核通过并交纳试卷费后,得到一张写着考生各种信息的"准考证",才准予应考。每个考生需要准备一些考试必备用具,还要准备考试专用衣服,特别是符合规定的帽子。

入场时,张知县居中座亲自点名,书吏唱名。考生答"到",接试卷入场。入场完毕,放炮封门。生员考试共考五场,每场考完即行阅卷排名,未录取者不得进入下一场。第一场为正场,试《四书》文两篇,五言六韵试贴诗一首;题目、诗、文的写法都有一定格式和字数限制。每日一场,黎明前点名入场,即日交卷。因为考试要持续一天,所以考生是带着简单的午饭进考场的,午饭就在考场上凑合。每一场考试在下午三四点左右才开始允许交卷。第一场交卷的时候,不同的考生陆续交卷,每凑够十个人,就放出十个人,然后院子大门再锁上。交卷的前三拨,也就是前三十位交卷考生出场的时候,都会有吹鼓手乐队吹打助兴,以示鼓励。每一场下来都会刷下很多人,每一场结束,成绩很快就会揭晓。第二天,录取的名单就会贴出来,没有名字的考生只能黯然离去。第二场试时文一篇,"五经"文一篇,试帖诗一首。第三场试八股制艺一篇,史论一篇,试帖诗一首。第四场试杂作,律赋一篇,古近体诗数首,另有时文一篇。第四场考完,"案首"及前列十名基本确定。第五场又叫"吃终场饭",试时文或作两大八股文。名次与第四场变动不大。知县备饭或点心,犒赏前十个童生,故名"终场饭"。

县试可谓是竞争异常激烈，考的不仅仅是知识，也需要考量考生的身体健康状况，体质懦弱的人是根本吃不消的。当时主持县试的是诸暨县令张撤藩，上一年刚刚中了进士的他，以"作人"为先务，非常惜才。他从众多的考生中见识了出类拔萃余缙兄弟拍案叫绝的文章，极为欣赏，给予极高的评价。他慧眼识英雄，录取了兄弟俩。张撤藩作为余缙的伯乐，成了他人生的第一位导师。

四月的一天，学宫开中门，放三炮，出正榜。正榜贴于学宫照墙，余缙、余纶的姓名列在榜首，兄弟俩同时取得县试成功的消息传遍了整个县城。

余缙兄弟俩不骄不躁，认真备考，赴绍兴参加府试。府试的流程与县试大致一样，只是参考的人更多，考生们天不亮就来到考场等候，考生的朋友、保人、老师、父母都会在现场陪同，考场前挤得水泄不通。余缙兄弟俩以扎实的诗文功底，过硬的基本素质，顺利地通过了府试。他们继续认真复习，全力准备迎接第三道考试——院试。

院试题为《论语》《大学》《中庸》八股文一篇，《孟子》八股文一篇，五言六韵试帖诗一首。鸡鸣时分入场，交卷时不准点灯。秋冬时节，由学政亲自主持的院试在省府举行，参加考试的人更多了，点名更早了。余缙兄弟俩半夜就起床，奔赴考场。院试的场规更加严格，正场之前加试经古一场，考试解经、史论、诗赋等。入场由学政亲自点名，在点到名字的时候，考生即上前应答，同时高喊："某某人保!"保人此时也需要在场,听到喊声,自己同时也需要上前喊一声:"某某保!"因为人多嘈杂,需要大声喊叫。之后,该考生可凭"准考证"领取试卷走进考试。考生入场携带考篮,内装笔墨食物。为防止夹带,要进行严格的搜检,甚至要解发、袒衣,连鞋袜、文具也要检查,不许携带片纸只字进入考场。如果查出有考生冒名顶替,那么就让他戴着十几斤重的枷子跪在考场门口,直至考完为止。点名入场后,考场即封门,禁止出入。为防止考官徇情,试卷弥封糊名。

余缙兄弟俩显得异常成熟,沉着应试,用自己平时练就的古诗文基础和过人智慧,经历了一场场近乎残酷的考试。

翘首以待的张榜日终于来了,余缙挪动脚步挨近榜文,只见自己和兄长名字赫然在列,且排在最前面,便高声喊道:"我和哥哥都中榜啦!"旁人听见,都惊呆了。因为当时清朝秀才的录取率不到百分之一,整个诸暨每年童子试只录取十余人。兄弟俩同时考取了秀才……消息像长了翅膀似的迅速在诸暨县城传播,大家都说高湖村出了两个秀才,以后必中进士。

次日,学政在大堂召集新生行簪花礼,然后分拨县、州、府学学习。余缙兄弟俩分拨至诸暨县学。

送走学政,余缙兄弟俩即刻回家,非常风光,穿上特制的衣服,与家人一起到祖坟磕头祭拜,告慰祖先。

　　数日后,兄弟俩与新中秀才们一起穿戴雀顶蓝袍,齐集官署大堂设宴簪花,然后在县官的带领下,前往孔庙谒圣,再至学宫拜谒学官,正式进入县学开始学习生涯。

　　书生为何要热衷于追求功名,原来清代朝廷对儒学生员采取优恤政策,规定凡生员之家,一应大小差徭,概行永免。廪膳生及贫穷生员经济上可得到赡养。学子一旦进学秀才即为有功名之人,其待遇有四:一是取得乡试资格,可继续考取举人。二是秀才只向学官行跪拜礼,见其他官员只作长揖不必行跪拜。三是秀才可戴铜顶戴。四是秀才犯罪不戴枷不施杖刑,只可打掌心。且衙署须先行文学官,革去秀才功名之后方能法办。国家取士不易,给进学之人足够体面实为养士之法,其实是对知识分子给予特殊的政策尊重。

　　秀才为进入仕途第一步,天下百官无不从秀才始,秀才可谓宰相之摇篮。秀才参加乡试而中举,再进京会试而中进士,即完成国家全部学历与入职考试,由此堂堂正正进入仕途之康庄大道。余绪终于迈出了仕途的第一步,开始了科场征程的长途跋涉。兄弟俩考取生员后,不仅国家负担食宿,每年还可得到四两银子,与一般工匠和其他劳动者的年收入大致相当。家里的经济负担终于减轻了。

　　余绪进入县学后,在督师洪公、县令张撤藩的教育下,认真听从老师的讲授,潜心钻研学问。老师每天都到教室,与余绪他们一起研究经书,讲明义理、撰写作文,到了晚上还要往来巡视,督促他们诵读。县学里有专门点名用的"卯簿",生员每天都要签字,凡发现无故不到的,掌印官就用红笔记下来,三天之内,按规定执行责罚。每月之内,逢三、六、九日要正式写作。上旬的写作要求是"四书"义三篇,也就是以出自《四书》中某句话为题目,在初三、初六、初九三天各写一篇八股文;中旬是经义三篇,也就是按照《五经》中的题目,写八股文三篇;下旬论、策各一篇,表、判同日各一篇等,也就是写议论文和应用文。很多考生考上生员、得了秀才的名号之后,除了少数希望在科举的征途上走得更远的人会继续用功之外,大多数人已经是心满意足了,即此止步,不再阅读书籍,更少开笔作文,临时抱佛脚应付考试就行。而余缙心怀理想,胸怀大志,坚持学习,一定要考取举人,高中进士,出人头地。因此他学习十分刻苦,才思敏捷,成绩十分优异,每次参加日课、月考、季考、岁考、科考等,均名列榜首。

时间过得飞快,转眼学习期将满。按当时的规定,学满离校的生员,要参加每三年举行一次的"岁考",以检验其是否坚持学业,视考试成绩给以奖惩。"岁考"是对秀才进行考核,按成绩分列四等:一等为最优,二等为合格,三等不佳,四等重则斥革,轻则申诫。余缙以端秀的文字、开阔的思路、斐然的文采在岁考中拔得了一等,杰出的才华渐渐地显现出来了。

明崇祯六年(1633)七月,学政来到县学亲自主持科考。科考是乡试的预选考试，学政到任后第二年进行，成绩分三等，其一、二等才准应乡试，成绩三等者不能获得参加乡试资格。余缙"试辄冠军，有英绝领袖之目"，又以出色的文章和诗词获得了第一名，顺利取得了乡试资格。

明崇祯七年（1634），余缙十八岁时，为进一步提高科举应试能力，父亲元文又花巨资送他去诸暨渔橹山吉祥寺接受名师指点。"读书渔橹山吉祥寺。学师王昇初先生，邑名士，从学者甚众。予坐卧一小楼，与其孙子倩茂才同舍读书。"渔橹山吉祥寺位于诸暨城北，寺产吉祥花而得名，满山花翠四麓皆坞，皆有涧水清泉，元代著名学者吴莱、著名画家王冕曾在此求学。其中王冕的《吉祥词诗》中写道，"得名良不恶，潇洒在山房；生意无休息，存心固久长。风霜空自老，蜂蝶为谁忙？岁晚何人问？山空暮雨荒。"当时吉祥寺英才云聚，很多名人前来讲学，求学人士纷纷慕名而来，一时盛况空前。正是这段难得的求学经历，进一步拓宽了余缙的知识面，也为今后的科举应考打下了坚实的基础。

余缙一边在县学学习，积极准备科举考试，一边涉猎各种知识，丰富自己的人生阅历。作为诸生，他受知于当时诸暨县令路迈的教育，还署名参与了张撤藩、路迈合著的《苎萝志》的校阅工作，并留下了宝贵的诗作《越女》：

越女奇男子，忠为勾践矢。

曾将若耶纱，蚕浣会稽耻。

宿世包胥胚，前身豫让齿。

姑苏台已墟，响屟廊何址？

雪尽江东仇，风真国士比。

胆薪赖尔翻，烟月緜君徒。

唐突御儿滨，香名万古史。

明崇祯九年（1636）八月，余缙怀揣理想，来到省城杭州，参加乡试。乡试亦曰秋闱，分三场进行，以初九、十二、十五日为正场，考生于每场正场前一日入场，后一日出场。考试内容规定第一场考《四书》《五经》，用八股文，谓之制义；第二场考论一篇，判五道，诏、诰、表择作一道；第三场考经、史、时务策五道。余缙胸有成竹，文思如涌，笔走龙蛇，锦绣文章一挥而就。李化熙以进士、浙江湖州府推官身份担任浙江丙子乡试同考官。"受知门下，遂以大器相期。"作为余缙的房师，又成为其人生中的一位导师。

九月，桂花盛开，到了乡试放榜之日，正副主考、监临、房官、提调、监试等齐集公堂，拆墨卷弥封，核实中式者姓名、籍贯；核实后交书吏唱名，唱毕填写正榜。当唱到"诸暨余缙"时，他悬着的心终于落地，喜悦之情难以言表，连忙捎信告诉父母。第二天，在省巡抚衙门举行鹿鸣宴，由主考、监临、学政内外帘官和新科举人参加。新科举人谒见主考、监临、学政、房官，然后依次入座开宴，演奏《诗经》中的《鹿鸣》之章，作魁星舞。

通过乡试后，即取得一种永久性功名——举人。根据国家政策，由国家颁给二十两牌坊银和顶戴衣帽匾额。匾额悬挂住宅大门之上，门前可以树立牌坊，还可按科无限期地参加礼部会试。并在地方财政中设立举人路费，为举人提供稳定的赴试资助。举人可算是高级知识分子，有了出身，通常可以做官，有俸禄，和秀才不可同日而语，所以也就分外难考。一旦中举，其父为老太爷，本人为老爷，其子为少爷，故有"一世中举，三世为爷"之说。不过，举人出身也只能做些小官，而且仕途比进士出身的人要差。所以，有人中举后会一直去考试而不做官，也有人因经济原因，先做官赚钱养家再去考试。

仪式结束的几天里，余缙沉浸在中举的喜悦之中，与同窗好友一起醑酒言欢，泛舟西湖，畅游山水，流连忘返。他们享受艰辛学习后的欢畅，在暮霭中歇息，思量着时势，期望着未来。

"后二年予登贤书后，时同俊诸子以暇日泛舟湖上，亲故同行者窃相谓曰：畴昔之言，殆为券矣。已而登舟，声伎杂陈，讙哗交作。"这次中举，给了余缙极大的心理安慰与希望。他结识了许多参加乡试的地方文士与社会名流，一起交流诗词文章，交换学习感悟，开阔着心气，开拓了眼界，更坚定了他实现理想的信心和决心。

美好的日子总是那么短暂，前程似锦的余缙回到故乡。他没有迷醉在众人的喝彩声和祝贺声中，默默地继续

坚持学习。他陷入了深思之中,功名路上中举人只是一个
过程,应志存高远,考中进士,为民造福,为国效力,成就一
番伟业,才是自己的人生目标。

三、苦学中进士

　　进士之称，源于《周礼·王制》，述上古选拔人才，由乡、里逐级推举，有修士、选士、俊士、造士等名称，最后一级是进士。起始就是一个美称。不过后来两汉以"察举"、魏晋南北朝以"九品中正制"选拔人才，最主要的科目是"孝廉"和"秀才"。隋朝开始主要以考试选人，隋炀帝始设进士科。此后，自唐迄清，国家以科举取士，选拔人才，组成文官集团。进士科一直是最重要的科目，考中进士也就成为攀登上最高一级科举考试的佼佼者。不难看出，考中进士是何等的不易。

　　余缙坚持学习，尝试练习各种科举试题，查漏补缺，坚持不懈，滴水石穿，渐渐融会贯通。终于，他能熟练运用章法，所作的诗词文章含蓄隽永，言近旨远，节奏明快，气势充盈。他每天坚持下苦功夫刻苦学习，持之以恒，期待有一天能通过会试，考中进士。

　　会试由礼部主持，每三年一科，逢丑、未、辰、戌年举行。会试考试、阅卷、场规和考试内容等基本同于乡试,唯第一场《四书》三题由皇帝钦命,可见朝廷对科举的重视程度。会试不仅是朝廷招募人才的方法,更是笼统臣民的一种手段。

明崇祯九年(1636)冬天,余缙背上行囊,迫不及待地乘船北上,准备第二年的春天会试。因为诸暨离京城千里迢迢,途中需一月有余,还得克服病痛、盗贼、思亲等重重困难。还沉浸于一试中举喜悦的他一路乘船前行,风餐露宿,一路记录下自己的所思所想。在度经山东德州时写下了《平原怀古》:

> 汉以党人重,此邦奚独无?
>
> 伟哉照烈帝,作相何区区!
>
> 渔阳鼙鼓动,列郡如摧枯。
>
> 壮矣颜夫子,赤手操鼓枹。
>
> 古人日已远,世态共嗷嚅。
>
> 名城委蔓草,高冢丛崔芦。
>
> 中原方宁晏,自命皆丈夫。
>
> 安知国士志,所业非荣膴。
>
> 澄清固有愿,瞻顾何踟蹰。
>
> 怀彼三君子,叹息悲故墟。
>
> 日暮将痛饮,谭笑慰骖奴。

余缙边行边诗,历经了路上的各种困苦,终于来到了京城。他选择了一处幽静且价格便宜的旅舍住下，认真复习迎考。

明崇祯十年（1637）三月，草长莺飞，柳絮飘舞，余缙赴贡院参加会试。几天里，他连续经历了一场场近乎残酷的考试，怀着忐忑的心情在旅舍静等放榜结果。

四月放榜时，所有的人都为这张皇榜如醉如痴。考生们急切地寻找自己的姓名，看完榜后，有的考生为考取大声欢呼，有的考生则为落榜愁眉苦脸，有的考生痛哭流涕……余缙落榜了，带着一丝沮丧打算回家乡高湖。时任天津副帅的同乡好友张羽辰得知消息后，派遣校尉迎接他到达天津，并盛情款待十余日。大家互相交流，意气十分相投，这对落榜的余缙来说无异是一剂强烈的安慰药，让他一生铭记在心，感恩不止。他在后来的《天津游记》中写道："公车罢归，津帅张公羽辰，里人也，遣校迎余，假馆者十日，燕论款洽，颇以意气相许，时年甫二十也。"

回至家中后，余缙闭门思过，查找自己文章中的不足，一连好几日。原来科举考试有其固定的规矩形式，考试答案一定要符合标准。智力与创造力过高时，对考中反是障碍，并非有利。好多有才气的作家，像著名词人秦少游，竟一直考不中。

不久，余缙调整好自己的学习方向，坚持学习，发愤读书，抓紧一切时间用来学习，准备科举考试，盼待着能在三年后的会试中取得成功。

当时中国农村传宗接代的思想是非常严重的,年已二十三岁的余缙在村里已经算是大龄青年了。他一次次被父母长辈催婚,而余缙只想一心读书考取功名,婚事则一再推却。

明崇祯十二年(1639),余缙兄长余纶也考中了举人。兄弟俩都中举人的喜庆气氛弥漫着整个村子,亲朋好友前来贺喜,鸿儒学子往来谈学,高湖村一下子沸腾起来了。在这个家族喜庆的日子里,余缙终于拗不过父辈的一次次催婚,遵媒妁之言,与附近泰南村郑全吾的女儿成婚。在父母眼前,让儿子娶个本地姑娘,他们对姑娘的家庭知根知底,自然是最好的婚姻。况且郑姑娘长着一双大脚,身材高挑,嘴巴宽大,是干农活的一把好手。

余缙没有沉湎于新婚燕尔之中,而是仍然坚持学习。成婚后不久,他又带着全家人的希冀进京,准备次年春天的会试。第二年正月,余缙生下了第一个儿子毓澄,后来也中了进士,这是后话。三月,余缙借着儿子出生的喜悦第二次赴贡院应试,结果还是落榜了。

第二次的会试落榜,对余缙的打击太大了。他回到家里,几乎没有了自信,甚至开始怀疑自己不是进士的料。他大哭起来,把自己写的所有诗词和书法作品都撕得粉碎,一个人关在书房里三天三夜没出门。

父亲余文元敲开了余缙的房门,语重心长地说:"梁颢以八十二岁高龄考中状元而名闻天下。明代杂剧《梁状元不伏老玉殿传胪记》、明代传奇《青衫记》《折桂记》等，讲述的都是梁颢不屈不挠，晚年考中状元的故事。你与他相比还非常年轻，怎么能遇到一点挫折就自暴自弃呢?"余缙一向以孝为先，听从父亲的教诲，开始深思不第之原因，主要还是古诗文不足。找到原因后，余缙一下子坦然起来，恢复了往日的宁静，开始低头苦学起来。

端午节时，余缙从早晨起来就扎在书房里读书。妻子端了一盘粽子和一碟白糖送进了书房。将近中午时，夫人收拾盘碟时，发现粽子已经吃完了，碟里的白糖却原封未动，而旁边砚台上竟有不少糯米粒。再仔细一看，余缙的嘴角上沾满了墨汁。原来，余缙只顾专心读书，误把砚台当成了糖碟。

余缙学习更加刻苦，夜以继日，有时通宵达旦，经常不脱衣服睡觉，醒了就读书。这样日复一日，年复一年，拼命地学习。

崇祯十五年(1642)冬天，终于又迎来了会试的日子，余缙与伯兄余纶又一起赴京城准备来年春天的会试。经过一个多月的舟船劳顿，快到京城时，他们突然发现全城戒严，警报骤响。他们只得四处打听消息，后得知朝廷情况有变，判断北方的混乱局面，来年春季会试必将推迟。于是便与严灏亭、吴岱观等十余人达到吴门后，断然决定渡江而归，几乎一路奔走，一刻没有停留，终于在除夕前返回家乡高湖。

又是长长的等待和企盼,余缙时刻关注着科举的信息,盼着应考的日子快点来临。第二年盛夏,余缙又与伯兄余纶同赴八月的会试,乘船北上,一路克服酷热、饮食等多重困难,历经近一个多月,终于到达京城贡院。兄弟俩旅邸京城,认真复习,准备迎考。在一轮轮紧张的科举考试中,余纶通过了紧张的会试和殿试,终于成为一名响当当的进士。而余缙在这次会试中仍然没能逃脱失败的命运,第三次落榜了。

与余纶同科进士及同乡史继鳞为余缙饯行,好友张羽辰又派人护送他到达天津,热情款待,并予以安慰。余缙在留津的日子里,还去拜见了时任驻津备兵的房师李化熙,聆听他的教诲。数日后,余缙还是带着落第的忧伤,乘舟南归故里。至山东聊城时,遇到大雪,船搁浅不能行,则步行过聊城,触景生情,写下《东昌光岳楼》三首诗。其中第三首是这样写的:

云中歌吹月华明,觞咏随时纪盛平。

万里枫槢来海国,百年荆棘重农耕。

知君腹内无鳞介,愧我胸中少甲兵。

每笑乘轩贤使者,何人能不负斯行。

高中进士的兄长余纶在一片纷乱中留京,等候朝廷的安排任命。秋冬的京城,"气象黯然,疫疠大作,谓之疙疸病,犯者必死,死辄弃其履舄于道衢,巷亡隙地。"1644年的农历三月,李自成攻占北京城,崇祯帝吊死在煤山,明朝随即灭亡。随后四十多天后,李自成军队被清军打败,退出北京。1644年十月,清世祖爱新觉罗·福临在北京告祭天地宗社,宣国号为大清,纪元顺治。已被授福建兴化府推官的余纶身陷朝代更替的风波中,在惊涛骇浪中历尽惊吓与艰辛,与众同年①南逃回了家乡。

高湖村敲锣打鼓,热闹非凡,大家都来庆祝余纶考中进士。作为村里的第一位进士,这可是光宗耀祖的一个重大事件。族人考取了功名,有一件事必不可少,那就是在祠堂前修筑旗杆石,升起大旗,让四围的乡邻远远就能看见,宣扬功名,光宗耀祖。

1645年的农历五月,浙江的诸暨虽进行了多种形式的抵抗,但最后还是归附了清朝。和余纶一同逃归的同乡同科进士史继鳞,因家贫开始收生授课,当起了私塾老师。余纶则听从父亲的劝诫,没有在乱世中赴任,而是在家里隐居,为明朝尽节,终身未仕,风高五柳。

此刻的清朝统治者十分懂得百姓的心声,为笼络各地的百姓,快速消解各地民族的对抗情绪,便迅速颁布了《科场条例》,恢复科举制度。顺治三年(1646),清朝政府在北京举行了第一次进士考试;接着第二年又增加了一次全国会试;顺治六年(1649)又如期举行了第三次会试。而这期

---

① 指同一年参加科举的人。

间,各地反清复明之风潮此起彼伏。就连诸暨的琴坞、宣家山、紫阆等地也纷纷燃起反清烽火……带着三次落第痛苦的余缙思潮起伏,彷徨不定,内心异常焦虑不安,在风雨飘摇的朝廷中是选择科举入仕还是归隐呢?可以说,余缙及其父亲兄长一直对明朝的复国存在着幻想,因此余缙没有应顺治之召以前朝举人身份出仕,也没有参加顺治初年前三次进士考试。直到 1650 年、1651 年,永历政权被压迫到云南境内,鲁王朱以海在浙东无以立足而入海,才意识到明朝复国的希望已渐渐破灭。

余缙渐渐地清晰了自己的人生目标——考取进士,光耀门楣,为国家做出贡献,实现自己的人生抱负。其实余缙第三次落榜回家后没放弃理想,依然坚持勤奋读书,不断弥补自己古诗文的不足,期盼着大考之时的早日到来。

伯兄余纶高中进士虽未赴官,但足以证明了其杰出的才华与非凡的文学功底。余纶对余缙来说不但是同学,更是良师。余缙虚心地向兄长询问考场注意事项,请教科举考试各种文体写作的技巧,每天都撰写各类科举文体让兄长修改指点,应试能力不断增强。这在当时恐怕是最实用最有效的学习方法。历史上每一个进士家族的诞生,家族内应考技巧的口口相传则是成功的第一秘诀。

余缙又不惜远行,向百里外的会稽、浦江、宁波、杭州等地的儒者请教学问。在面对师长的时候他保持一贯的谦卑,碰到老师的门生挤满整个屋子时,还是耐心等待,虚心求教。就是被老师责骂了也不胆怯,反而愈加放端正态度,等老师态度好了,继续求师。因为想要听到更博学老师的授课,余缙四处遍访名师名家,或来到老师家中请教咨询,遇到德高望重的前辈,更是掩盖不住内心对于知识的渴求,就算遇到别人的斥责,也不退却。有一次,余缙到绍兴请教名师,老师正在午睡。他不敢打扰,就站在门口等候老师醒来,从中午一直站到傍晚太阳落山,足足站了六个小时,感动了老师。老师对他刮目相看,对所写的文章加以润色批评,一驳一奖,爱在心头,倾囊相授。余缙茅塞顿开,诗词文章均取得了很大的进步。

同时,为锻炼自己的身体,余缙每次外出求师,总是背着书本,独自行走在冷风中,任凭风雪在脸上肆虐,往往是四肢被冻到僵硬,来到旅舍,让服侍的人用热水和棉被才能让身体暖和起来。这样超越常人的意志力,才让他在求学路上收获得比别人更多,也为后来参与政治打下了顽强的意志和强健的身体基础。他先后向伯兄同科好友王观瀛、张以迈等进士名家虚心请教,请他们指点功课,收获着希望。

"意气自若,下笔立就,不假点窜,日可得数十艺。"春去冬来,寒来暑往,功夫不负有心人,余缙从不间断学习,博览群书,厚积薄发,文兴大动,科考、试帖均取得了优异的成绩。余缙触类旁通,学识已非常渊博,科举应试能力已趋成熟,逐渐登峰造极,万事俱备,只待科举之期早日到来。

　　清顺治九年(1652)三月,余缙怀着报效国家的宏志,踌躇满志地第四次上京应考。他带着全家人的嘱托,拿上几件衣服和路上吃的干粮,满怀信心地出发了。一路风餐露宿,历经千辛万苦,终于到达目的地——京城贡院。

　　考场上,他沉着冷静答题,作诗文章胸有成竹,一气呵成,文章旁征博引,写得清超脱俗。

　　回到旅舍,余缙从早上到下午一直坐立不安,不断地在门口来回徘徊,不知道走了多少遍。翻看案头的《水浒传》,却一句话也看不进去,焦虑的心情无法用语言描述。

　　四月揭榜那天,观者如堵。余缙的杰出才华得到了赏识,榜上有名,终于梦想成真,荣幸地成了一名贡士。存积于余缙心中多年的郁积,一下子得以舒散。一个月后将接受殿试,由于贡士与进士无差额,因此他显得轻松起来,遂与杨素蕴、萧震、王稷、陆光旭等同窗好友一起交流学问,畅游京城。他们喝酒赋诗,相互唱和,嬉笑怒骂,指点江山,与社会知名人士结交,走过那一段人生最特殊时光,在各自的心底镌刻下深深的印记,终成挚友,毕身难忘。他们游逛华丽的街市,站在寒冷的露天之下,以一副羡慕者的眼光注视着大官们在街上乘坐马车而过。

　　殿试的日子到了。在读书人一生这个紧要关头到来之际,大家心中都很紧张激动,患得患失。过去多年来三晚灯火五更鸡的苦读,都为了这一时刻。考生们半夜起来,黎明前来到皇宫之外,身上带着凉的饮食。殿试准时开始,殿试的内容为时务策一道,由读卷大臣拟出皇帝钦定圈出的试题。余缙认真审题,下笔如神,对答如流,论述全面精当,表现得十分出色。

四天后,在太和殿公布了全部名次。殿试名次的排列分为三甲:一甲共三名,第一名称状元,第二名称榜眼,第三名称探花,赐进士及第;二甲若干名,赐进士出身;三甲若干名,赐同进士出身。才气横溢的余缙终于高中进士。

接着,殿试举行了隆重的传胪典礼。清晨,由銮仪卫在太和殿前设卤簿法驾,在檐下设中和韶乐,在太和门内设丹陛大乐;由礼部和鸿胪寺在太和殿内东楹和丹陛之上正中设黄案,丹陛之下设云盘,在午门外设彩亭御仗鼓乐。王公大臣文武百官各着朝服在丹陛之下左右序立,新科进士身着朝服,头戴三枝九叶顶冠,按名次奇偶序立东西丹墀之末。典礼时到,礼部堂官诣乾清门奏请皇帝礼服乘舆,引入太和殿升座。此时,中和韶乐奏隆平乐章;阶下鸣鞭三响。鞭用皮制,长一丈余,司礼者执鞭柄由下飞舞,回旋而上,鞭声清脆悦耳,响彻云霄。鸣鞭毕,丹陛大乐奏庆平乐章,读卷大臣等官员向皇帝行三跪九叩礼。大学士进殿从东楹的黄案上取出黄榜,授给礼部尚书,陈于丹陛正中的黄案之上。这时,丹陛大乐又起奏,鸿胪寺官员引新进士就位,宣读制诰:"某年某月某日策试天下贡士,第一甲赐进士及第,第二甲赐进士出身,第三甲赐同进士出身。"传胪官唱至"余缙为三甲一百五十一名"时,余缙的内

心非常激动,多年以来梦寐以求的愿望终于实现。唱名
毕,鼓乐大作,大学士至三品以上各官及新进士均行三跪
九叩礼,中和韶乐奏显平乐章。

典礼完毕,皇帝乘舆还宫。礼部尚书用云盘奉黄榜,
置于彩亭之中,在礼乐仪仗下出太和中门至东长安门外,
在长安街张挂三日。新进士左出昭德门,右出贞度门,街
上万头攒头,扰扰纷纷,余缙得到这份荣誉,终于真切地感
受到了考中进士的无限荣光。在从求学到高中进士,整整
三十年。三十年的煎熬时光,三十年的苦难磋磨,才成就
了他今天的成功和惊喜。余缙心情无比舒畅,欣喜若狂。

高中进士捷报早已报至家乡高湖,不但家中欢喜,而
且整个村子沸腾了。全村约定举行隆重的仪式来欢迎新
科进士的到来。这一天,在铿锵的锣声,闲杂的鼓吹声中
间,余缙身着特制的衣服在族人的簇拥下,从村口大庙一
路进入村里,步入祠堂,朝拜祖宗。

这时候余缙家的堂屋,两壁贴了鲜红的对联,中庭插
了灿烂的金花,柱子上还高高地贴着报信人的贺报。一路
上观者如潮,家里也是人满为患。早有两位老人代敬天
地,余缙到达家中后,再向父母行礼。父亲元文则严辞警
诫余缙:"尔取功名,奚足贺?此后能殚忠宣力,上报主知,
下纾民困,所在以清白见称,始少释汝父忧耳。"他细心聆
听,一一铭记在心。

进士被认为是家乡的光荣和骄傲,所以在省、府、州、

县地方志里,对他们的身世、科甲、仕宦、政绩、逸事等记载得都很详细。戴着进士桂冠的余缙满怀喜悦回到高湖,余家门庭一下子热闹非凡,贺喜的,拜访的,求教的,纷至沓来,络绎不绝……当然,又在余氏祠堂门前修筑了一块旗杆石,一门二进士成了当时诸暨科举史上的绝唱。

当时,明末清初著名书画家、诗人陈洪绶从绍兴前来高湖拜访。余纶与其因一起科考而相识相知进而成为密友,他俩曾一起满怀壮志,希望科举出仕为国效力。陈洪绶年少师事刘宗周,补生员,数进考场,均以落第告终,崇祯年间召入内廷作画。明灭亡后,其入云门寺作僧,后还俗,以卖画为生。一生以画见长,尤攻人物画。其画手法简练,色彩沉着含蓄,格调高古,享誉明末画坛,与当时的顺天崔子忠齐名,号称"南陈北崔",当代国际学者推尊他为"代表十七世纪出现许多有彻底的个人独特风格艺术家之中的第一人"。陈洪绶与余纶、余缙兄弟一起饮酒赋诗,见余家贫穷好学,草堂内堆书如丘,数十年来书声琅琅,寒暑不断,抒发感慨,并当场书写"书田草堂"赠之。

那段时日,从绍兴古道上来往的名流着实不少。高湖余氏不凡家族世居的不俗府第,引来了不少泱泱名士:张岱、赵概、李来泰、姜希辙、傅学灏、闻人棠、杨素蕴……他们接踵而至,赋诗作画,豪饮而歌,率性而笑,这笑声把江南一大批文人都吸引过来。高湖旧地文人荟萃,名流云集,人声鼎沸,热闹非凡。

四、上京城谒选

　　清顺治十年（1653）秋，余缙北上京城谒选。临行前叩拜父母，父元文勉励道："儿幸登第，宜及壮年，筮仕报国，毋以我为念。"余缙顿首受教，铭刻在心灵深处。

　　中国隋代与唐代规定，学子经礼部会试及第，成为进士，仅取得做官的资格。至于正式授官，须再经吏部释褐试，通过者才可以授以官职，不及格者需过三年再试。始自唐代的脱掉麻布衣的释褐试按"身、言、书、判"四个方面进行考察。首先是"身正"，即家庭出身和个人品行符合要求，出身于奴仆、衙役、轿夫、娼妓等下等家庭的不得做官。还要观察相貌，必须仪表端正，要有官相。不能有残疾和疾病，还要查有无隐瞒岁数等。其次是"言简"，要求考生口齿清楚，表述流利，没有口吃，话语优雅，言简意赅，必须善于辞令。再次是"书美"，要求考生书法端正，文辞优美，切入准确，说理清楚，能在最短的时间里写出高质量的政论文章。为官常书写公文，故文笔及书法须佳。然后是

"判准"，要求考生凭案例考察见识，反应灵敏，理解深刻，能抓住本质，准确判断，迅捷做出决策。由于古代行政与司法不分，地方官须兼理狱讼，故需有判断能力。后来释褐试渐渐淡化，直至清朝，以上四项内容的考试逐步演变成综合考察，着重于相貌、话语、书写等内容。这一切对于余缙来说，毫无悬念可言，只待谒选之期早日到来。

清朝规定，凡经考试、捐纳或原官起复等具有任用资格的人，均须到吏部听候铨用，由其按照规定选补某种官缺。经考试具备入仕资格者，还须进行"复试性"的铨选后，才可授官。例如，殿试后的进士，除一甲直接授官外，二甲、三甲需再经翰林院"馆选"，考中者成为翰林院庶吉士，实习三年后，补授官职。馆选未取者，被授予京师或外地的官职。入院进士比不入院者所获地位要高，而后升迁也要快得多。清朝官吏的铨选，由吏部文选司和兵部武选司负责。

从首赴南宫至如今的北上谒选，余缙何曾想到科举之路有那么艰辛和漫长。而此刻，终于苦尽甘来，既无科举之苦闷，又无官吏之劳形，当属人生最闲暇的时光。他想到将有一地可以施展自己的才华，造福一方百姓，建功立业，不禁对未来充满了期待。他一路北上，一路作诗，有感而发，留下了众多诗篇，成就了诗歌创作的第一个旺盛期。诗是"有诸中，形于外，情动于中而形于言"。余缙的心情、本质和潜意识就在他写的诗里常常不知不觉地流露出来。

余缙北上时,挚友傅存古一路相伴,千里送别至京口,义薄云天,情深谊长。他为表谢意,便写下《秋日舟泊京口,傅君图烟送予始别,赋此为粲》:

高谊云天薄,江帆沙树昏。

联床话未尽,分袂意难论。

送仆过千里,酬君只五言。

相期梅信发,挹酒涤尘轩。

余缙经过常州金坛目睹农家乐时,触景生情,想起渐渐远去的农村生活,有感而作《癸巳秋日舟过金沙》:

河村濡雨润,蓼花红倚门。

枯枝挂密萝,蒹葭相纷纭。

种瓜甫抱蔓,刈穆已酿醇。

篱残移竹短,柳巷黍田深。

野菊因时秀,渔舸荡泽云。

我友赵岸凫,温煦如阳春。

乡墅无惊吠,追呼不见人。

睹此农家乐,悬知吏不嗔。

余缙很快到达京城,住在北京西山脚下的旅邸里。他对今后的仕途充满了期待和向往,望着雪后的西山,景色迷人,一时诗兴大发,作《望西山积雪》:

联峰兀天柱,积雪翳其巅。

晴原喜青出，万玉辉素颜。

佳气贯城阙，近疑楹宇间。

岂无嵯岈树，鸷岫相岩岩。

遥把雪崖下，老衲松树前。

愿得惠风畅，与君相往还。

余绺在旅邸里，不停地读书写诗，有感而作，写下了大量的诗作。他不敢外出游玩，一直静静地等候吏部传送的消息，深怕失去一次谒选的机会，在漫长的等待中写下了《旅邸即事》：

长安容易晚，日暮西山开。

灯火市桥上，鼓钟城阙隈。

小庭新积雪，石火旧余灰。

叶落寒柯静，雪禽飞去来。

等待的日子过得很慢，眼看着同年一个个谒选成功，余绺开始焦虑起来，接连写了《送同年周推官之平凉》《送同年周司李之平凉璘城》《冬日送同年傅司李之德安》等多首诗。以诗相赠，叙述同窗之情，渴望同年日后相互照应，携手共进，相会京城。其中《送同年周司李之平凉璘城》：

其一

雨雪秦关路，黄云陇上村。

使旌雄汉戍，紫曜入羌屯。

塞草焉支碧,伧歌天马歇。

家山沧海外,清月共芳樽。

其二

河曲名城古,长风一剑寒。

洗兵笞颉利,积甲召呼韩。

秋酿葡萄熟,春醍奶酪欢。

角声峰树里,何日忆长安?

日子一天天过去,马上快要过年了,而自己的谒选却毫无音讯。余缙内心很是忐忑不安,担心自己落选?忧虑自己何去何从?祈愿自己的仕途之路是一条平坦大道。

当时朝廷官员满额,只能等待空缺才能替补,甚至有的进士一等便等了五六年还没有任职。听到这些消息后,余缙一下子紧张起来,于是日日折腰,硬着头皮拜访一些达官贵人,以求谋得一个好职位。作为出身于农家平民的他,又何来官宦亲友呢?兄长余纶考取癸未科(1643 年)的一大批进士同年,如直隶成克巩、武陵胡统虞、浦江张以迈、宁波徐家麟、会稽王观瀛、常熟归起先等,他们入仕多年,早已在官场如鱼得水,拥有一定的权力。余缙或有求他们,或有求他们的好友同窗。

他用诗《南窗寄言》记录了自己的心灵历程:

君家方捉鼻,吾已折腰初。

力疾颜难壮,软绵气始锄。

跗行蛇自有,胫步鹤看无。

辛苦长安展,朱门日扫涂。

余缙的《暮冬羁栖京邸,寥寂已甚,宾朋以酒食相召,比晚步归旅舍,见车马传呼者蜡炬辉煌,不觉展齿且折》,长长的诗题,导出了内心深深的苦涩:

榍柚初寒羹已枯,雪宵风箨下残梧。

春明车马来天上,凤阙楼台入画图。

官炬乍分莲跋炯,谯钟新动角声孤。

梦回鸡塞霜华碧,嘹呖捎人憎晚乌。

时间过得飞快,就要过年了,远离家人,余缙很是寂寥,彷徨不安,害怕自己落选。仕途去向又尚未定数的他,一个人不免焦虑起来,在旅邸写下了《邸年》:

旅雪次残年,家家腊饮填。

成诗谁饷米,谢客岂贪眠?

家辛贫耽酒,官佣巧索钱。

闲题书策遍,御古辄欣然。

这段等待的特殊日子里,余缙写下了大量的诗篇。每首诗意境优美,意蕴深厚,诗中有画,画中有诗,感情真切,具有极大的艺术感染力,博得时人的交口称赞。

清朝在官吏任用中有严格的回避制度,以此来防止形成各种裙带关系网或地方势力集团,从而避免官吏利用职权谋私利,为亲属徇私情。清朝规定官吏不得在本省任职,"在籍五百里内者,回避",包括距原籍、寄籍五百里以内的邻省都不能担任官职。余缙早已有远赴任职的心里准备。

等待是漫长的,正月里终于有了消息,余缙谒选成功为河南封丘知县。他心情十分复杂,有喜有忧。喜的是这么多年的科举终于有了硕果,忧的是前程仕途艰难,困难重重。当闻知封丘黄河水患严重,对百姓生活十分担忧,自己愿做元道州一般清廉开明、爱护百姓的官吏,便作诗《癸巳冬日闻封邑河患民疲,书此志怀》:

大河之水日夜流,遗民何事堪征求?
爱民当效元道州,守官待罪无所忧。
夜静把酒登高楼,河津四望生百愁。
平原茂莽皆神州,烽烟几载成墟丘。
幸今生聚稍乐游,小吏乘时思噢咻。
著书南窗告尔侪,东畴力穑待有秋。

封丘时属河南布政使司开封府,地处河南东北部,与古都开封隔河相望,置县于西汉,因汉高祖刘邦为答谢翟母在其落难时的赠饭之恩钦封"丘地"而得名。又因春秋时各路诸侯曾在封丘境内的黄池会盟推选盟主而称古黄池,曾是诸侯争战、楚汉争霸和陈桥兵变等历史发源地,历史源远流长。黄河在境里流过,拐过了"几"字形的最后一道弯,向东奔流入海,历史上多次发生水患。

"顺治七年(1650)八月,河决封丘荆隆及祥符朱源寨,水全注北岸,张秋以下堤尽溃,自大清河入海。九年荆隆决口堵塞……顺治九年(1652)河决封丘大王庙,冲毁县城,水由长垣趋东昌,坏安平堤。又决邳州及祥符朱源寨。"①水过之处,哀鸿遍野。百姓的田园被毁,庄稼无收,只能卖儿鬻女,逃荒他乡。

余缙得知现状后,深感自己是受命于危难之中。如何处理当前水患危机,如何从一介书生迅速化身为一县之令,救百姓于灾难之中,他顿时感觉眼前的任务十分艰巨,责任重大。

① 黄河网 http://video. yellowriver. gov. cn/hhyl/hhjs/qd/201108/t20110812_95003. html.

五、封丘任县令

　　顺治十一年(1654)正月,余缙谒选为封丘知县后,回到家乡诸暨高湖。临别之际,他跪拜父母,恭听父亲元文的临行教诲:"封邑蜩敝,遗黎仰令君如父母。孺子其体父母,心字百姓。"一向孝字当先的余缙仔细聆听父亲的叮嘱,默然于心。

　　余缙上任心切,匆匆赶到封丘。经历过明末战争和多次水患的封丘满目苍痍,整个县城多次惨遭河水冲毁,一片狼藉,有些地方甚至还被浸泡在水里。县域内盗贼肆虐,百姓拖儿携女,背井离乡,一路上都是逃荒乞讨者。田野上,粮田荒芜,野草疯长,一片荒凉。余缙叹息道:"民力竭矣,不可不急苏之。"

　　没有县衙,没有官舍,一县之令的余缙借宿在村寨,环境之险恶,条件之艰苦,超乎想象。晚上,余缙辗转反侧,夜不能寐,索性披衣下床,研究案上文书,了解大清律法和封丘原有各项政策。次日早上,余缙穿上便服,走进村落,与农夫们讨教耕种秘诀,共话桑麻,了解封丘现状。方知现有困难重重,黄河荆隆口决口,督河大吏在工地上督工,治河工程用的柳条、麻等护岸和堵决口的器材非常缺乏,无法保障工程的正常供应。其他像驿递、逃人、包荒等种种弊端,迫害百姓相当严重。余缙深知,必须解决眼前的一个个困难,要洁己爱民,让黎民百姓安居乐业。接下来的几天里,他先后访谈了衙内的县丞、主簿、典史、训导、教谕等官员,了解情况。接着,他深入民间与民众接触,跑遍了封丘各个村落,走访了多位当地百姓,获悉了翔实的第一手资料。

原来封丘为兴屯田,号召农民开垦,于是开垦了很多荒田,旧县令因此而获得提升。并设立了兴屯道,由厅主管日常事务。屯田征租,熟地征赋,由于租比赋高,农民便放弃屯田不耕,屯田又再抛荒。而郡县以垦荒之多少作为考核成绩,因此各县令竞相虚报,致以荒地应征之粮摊派于熟地之上,使熟地之租加倍增加。而且名曰为包荒,当地百姓深受其害,怨声载道,弃熟地而去。

余缙爱民如子,体恤民情。调研回来后认真整理资料,思考问题症结,时而低头思索,时而奋笔疾书,心中暗暗下定决心,一定要听从父亲的教诲,寻求机遇把民意上奏于朝廷,解黎民于水深火热之中。于是多次向朝廷呈送了书面报告,详细说明了包荒的弊端,希望能得到妥善解决。但报告如石沉大海,一直没有结果。

三月的一天,余缙闻讯直隶、山东、河南三行省总督李荫祖将轻骑巡视封丘。他一想时机来了,李总督一向关心民生,赈灾安民,惩罚贪官,是一位颇得人心的好官。设想趁机禀告总督,以解百姓税负过重之苦,这样或许会得罪总督?得罪前任官员?还是继续上奏等待朝廷解决?他陷入了左右为难之中……"府君之为民请命而不惜以身殉者",他最终决定还是铤而走险。

终于盼到李总督轻骑来到封丘,余缙径直将总督引导至荒区,视察荒地实情,倾听百姓心声。百姓一见官员前来,都纷纷控诉包荒之苦,并告之荒地的原因。总督荫祖身临其场,耳闻目睹,长叹道:百姓受苦啦……回衙后,他立即上奏朝廷,并得到皇上恩准,虚张的赋税全部免除。封丘一下子免去了税赋粮银数千金,兴屯道和厅都全部撤消,恢复原来生产的屯田制。

这些农业的激励政策一出,老百姓一传十、十传百,马上传遍了整个封丘。于是百姓们渐渐地都回家开垦荒地,种植粮食,得以休养生息。余缙还十分注意招募流民以恢复生产,常常深入田间访问农事,奖勤劝惰。

封丘的荒地越来越少,农作物产量越来越高,百姓们渐渐过上了丰衣足食的生活,出现了安居乐业的新气象。他们一致感谢县令余缙的一心为民,心中装着老百姓。

封丘境内盗贼猖獗,已成为一大社会问题。在荆宫一带,盗贼甚至白昼劫路伤命,严重影响了地方安定和居民正常生活。余缙上任之初,即坐镇荆宫治盗。为了摸清盗情和每一件重大盗案,他总是亲自访察。他多以微服私访的方式,扮作田夫、旅客或乞丐,到村落田野调查疑情,从而对当地盗情了如指掌。他对一些小偷小摸的人拘留后予以教育,表现良好的释放。对一些大盗,则派遣衙役想办法予以抓捕,投入牢狱,处以重刑。他严惩缉获案犯,大张声势地严禁盗贼。不久,境内盗贼越来越少,渐渐绝迹了。

"驿站"是专供传递官府文书和军事情报的人或各类官员途中食宿、换马的场所,相当于现在的邮政所加官方招待所。进入和使用驿站都需要专门的凭证(火牌或马牌)。使用凭证本有严格的规定,但到了清代,凭证已相当泛滥,官府滥发,民间滥用,也不管你是不是有公事,谁有本事拿到凭证,谁都可以到驿站里大吃大喝,或免费役使驿站附近的居民,给百姓带来了沉重负担。封丘县因与延津县接壤,每年均需派遣民夫持粮食供应千百里的驿站传递人员。长此以往,民众叫苦不迭,也浪费了封丘国库的不少财力。

余缙通过调查,发现驿递政策虽实施已久,但与实际所辖区域有所出入,不应该纳入封丘协助的范围。于是,余缙要求解除封丘驿递任务的书面报告上送至中央邮督。中央邮督派人进行了调解,但延津县令则拒不同意。因为此消彼长,封丘一旦免除驿递任务,延津则会相应增加任务。双方各执一词,互不相让,争执不下,以至朝廷的邮政总督多次发怒,差点使余缙遭遇下狱甚至杀身之祸。幸亏当时的抚军知道余缙的直言习性,便劝道:"彼各为其民耳!何罪之有?"余缙毫不理会,不惜以身殉职,据理力争,继续为民请愿。

他一次次解说律法依据,说明情况,摆明道理。精诚所至,金石为开,请愿终于有了结果,朝廷下令原有封丘驿站政策做些变动,封丘不必承担原有任务,每年只需协济银子、车马若干即可。这样一来,困扰封丘百姓多年的驿递事件终于得到了圆满解决,民众则每年可省下很多差役和钱财。大家纷纷称赞余缙是一位公正严明、关心民众的好县令。

秋天,封丘到处都是一望无际的金黄稻田,稻穗沉甸甸的,丰收在望。突然,河南蝗虫大起,铺天盖地,由北往南,遍及郊野。蝗虫所经之处,苗稼皆尽。很多百姓都认为蝗虫就是天灾,眼看食苗,手不敢捕,皆烧香礼拜。面对如此严重的蝗灾,余缙痛在心上,首先竭力破除官员和百姓"蝗是天灾,岂可制以人力"的迷信思想,认为只要大家上下齐心协力,必能消除蝗灾。他通过对老农的访问和自己对蝗虫习性的观察,提出了很多正确有效的治蝗办法,可以采用荆棘驱赶、扑打焚烧、挖沟土埋等多种办法消灭蝗虫。于是,余缙带领百姓挥舞荆棘,开始了一场声势浩大的人蝗之战。百姓们不分昼夜与蝗虫作战,消灭了很多蝗虫。全县上至县令,下至平民百姓,甚至年幼老小齐上阵,都参与灭蝗。蝗虫越来越少,蝗灾终于消失了。

余缙在忙碌的工作中,一有空闲仍手不释卷。他常常把同乡陆游《寒夜读书》中的诗句"韦编屡绝铁砚穿,口诵手钞那计年。不是爱书即欲死,任从人笑作书癫"作为自己的座右铭,把每天坚持读书、写作作为自己生活中的一部分。

六月的一天,封丘连续大雨,黄河水又开始暴涨,境内大王庙处河水漫过了大堤,随时有溃堤的危险,余缙组织全县人力进行护堤。但刚刚一处涌流堵上,旁边另一处又现,此起彼伏,只能苦苦死守。无奈封丘境内五十六千米的黄河流水纵贯全境,境内几乎处处都要堵漏护堤,这样苦苦支撑着。到了第三天,黄河大堤涌流越来越多,无力回天,决堤于封丘大王庙口。一泻千里的洪水把整个封丘淹于汪洋之中,成为泽国。水由长垣趋东昌,又毁坏了安平堤。百姓望着一望无际的受灾屯田,绝望地捶胸顿足,乘舟逃命。

余缙下令全县上下全力抢救受灾百姓,以抢救百姓生命为重。他带头乘着小舟,带领衙役一起组织各乡青壮年救助灾民,不分昼夜搜寻受灾百姓,一船又一船将他们转移到安全地带。

余缙接连三天三夜没有合眼,拖着疲惫的身躯坚持察看灾情,思考如何早日让洪水退去。他反复查访境内河流走向,与黄河、天然渠、文岩渠等河渠官员商议,共商泄洪之策。经过多次论证,大家一致认为引黄河的水到天然渠、文岩渠等支流,以分解黄河水势。策略定下后,余缙立刻组织民夫说干就干,日夜挖掘沟渠,连通黄河与天然渠、文岩渠。几天后,沟渠终于挖通,县城的洪水一下子退去,余缙救了全城的百姓。

那时的余缙,寄住在百姓的家里,从治河的诸臣奔走到治河的工地,一天行走几百里路,疲惫不堪,有时直接睡在工地上。他的脚上长满了血泡,一次次磨破而全然不顾,直至起了硬茧,大腿酸痛也一直坚持。几个月来,从早到晚,天天如此,余缙身心俱惫,甚至好几次昏倒在工地上,稍作休息后又坚持工作。他的身体日渐消瘦,渐渐地尝到了做官生活的苦涩和艰难,金榜题名之时何曾想到做官会有如此的艰辛。余缙只能在诗中《河干》表达陶渊明归隐的羡慕之情:

> 一官如叶漫攖身,去住无心岂为贫。
>
> 饶有梦魂频脱组,莫将清兴问迷津。
>
> 邮符屡拂官童欲,邸舍徒供牧竖嗔。
>
> 陶令今知非为酒,瓮头偷醉倩谁人。

强烈的责任心和事业心还是把余缙这个小小的"私我"给打压了下来,一如既往地奔波着、忙碌着、劳累着……实在是难以想象的劳累,余缙心里忽然萌生了早日辞官隐居的《述怀》：

其一

情迂不耐吏，向辱老妻忧。

况复山麋性，宁堪笼鸟愁。

柳深三径晓，菊绽五湖秋。

何日心期毕，携樽泛绿舟。

其二

性与湖山适，秋原更乐游。

苍林浮碧渚，丹叶满霜丘。

人事鸡豚毕，天风鸿雁流。

茱萸初折就，携鹤看沙洲。

从小在水乡长大，熟识水性的余缙深深地意识到，要消除封丘水患，必须兴修水利，整改河道，从根本上解决境内黄河的问题。直至后来余缙任山西道试监察御史时，曾上疏皇上，讲述如何兴修水利，治理黄河的方法，便是来自这段实践工作的真知灼见。

历史上封丘遭受多次河患，朝廷花费了数以亿万计的钱财，但河患一直得不到治理，河道官员们都忧心如焚，焦虑万分。余缙内心也十分焦急，查看河道走势，走访民众百姓，不断寻求治河良策。他还拜访当时的河道总督杨方兴、朱之锡，汇报治河之策，争取他们的大力支持。在河道总督的关心下，先后调拨大量的水利资金，并从河南道范

围内派遣民夫数万人兴修水利,治理黄河。余缙身先士
卒,率领民众筑堤疏渠,挖河引流,乐此不疲。

在治河的忙碌中,余缙看到荆隆堤上的枯树,联想到
自己工作的窘迫,有感而发,写下了《春日行荆隆堤上见枯
树有感》:

其一

落日澄潭影,萧萧古木寒。

闲云浮远渚,佳气发层峦。

发短名如旧,鬓枯臆未干。

方将拂衣去,谁见著新冠。

其二

折柳壮行色,将军大树寒。

他年旌汉水,今日对江干。

短屐尝寻梦,长绳莫探丸。

柔柯犹若此,人意更何堪。

面对这样艰难的生活,巨大的工作重压,未来茫茫的
日子里,该如何自处呢?在晨钟暮鼓中,余缙没有退缩,戴
着斗笠,风雨无阻,忙碌地工作,用充实的生活和内心的坚
毅来驱散积郁。他坦然地面对眼前的工作困难,在读书和
写作中寻找快乐。

治河工程进展缓慢,一波未平一波又起,一桩桩困难
又迎面而来,催人着急。余缙常常白天奔忙于工地,夜里

则盘算着河工的安排、器材的调剂等事直至深夜。他不顾劳累,写下了《河工夜坐偶成》:

> 旅况于今只布袍,河干蚊聚岂观濠?
>
> 庭无唳鹤吹初懒,室有悬鱼卧亦劳。
>
> 五斗未炊腰屡折,一盂空祝目先蒿。
>
> 漫思兰苕频生梦,何日春风驾远涛?

转眼半年过去了,一直以来,余缙都是异常忙碌辛劳,身心疲惫不堪。这样的生活何处是尽头,他的心变得异常不安起来,所有的苦难何时才能涅槃重生,遂作《平丘偶作》:

> 官如一叶可心怜,忘辱忘忧已半年。
>
> 解组莫耽鸡肋味,荷锄应有旧区田。

虽心存一丝怨恨,但余缙还是一如既往地工作着、艰辛着、忙碌着……无论怎样,他的眼里充满着阳光,总是豁达乐观地面对一切。

当时,封丘境内黄河有一段河道是一条很高的悬河,背河面堤高一般二丈至四丈余尺,个别地方达到五丈以上,在汛期非常危险。余缙又想办法筹集资金,修筑堤坝,在原有基础上利用石砌,加固加高,防止水满时溢出,以保护河边民居。

封丘因黄河流经,形成大面积的河滩地,水域滩涂广

阔,芦苇荡一望无际,水源充足,是种植粮食的好地方。余
缙将河堤下的河滩地分给贫民种植,规定严禁采挖沙石,
并立石碑予以警示。还下令在河流两岸种植大量的柳树,
并严禁采青。因为柳条是修筑堤坝必需的材料,一个庞大
的水利工程往往需要很大数量的柳条。

　　家乡总是传来父母年老、妻儿生活艰苦的消息,工作
还是一如既往地忙碌着,日子就这样艰难地过着。工作的
重重困难、生活的简陋、心灵的孤独似几座大山压在余缙
的身上,压得他喘不过气来。余缙觉得造福百姓,成就一
番事业的理想变得如此遥不可及,内心的喜悦变成了无尽
的落寞。他凄苦无比,痛苦不堪……曾无数次幻想辞官为
民,在彻骨悲凉中,他写下了长长的《投劾吟》(节选):

　　　　驰走日百里,销骭茧其足。

　　　　贤者悯我痴,鄙者嘲我朴。

　　　　日晏始晨烟,麦瓮桗可覆。

　　　　啖菜讵不香,蔬菹谁为鞠?

　　　　更有意外波,偿裤未云辱。

　　　　遥望云树深,老亲念我笃。

　　　　一别四寒暑,时时勤手嘱。

　　　　悲我作吏穷,衰老强馈粥。

　　　　但愿我早归,力耕心已足。

　　　　更有诸幼儿,牵袂相唧喔。

这只是远离故乡的余缙内心解压的一种方式罢了。他对待工作还是一丝不苟,不辞辛劳,不停穿梭于河道、村寨、民居中,联系工作,筹措资金,协调问题,监督施工……这样日复一日,余缙始终信守父亲的嘱托,廉洁公正,爱民敬业,一心造福封丘百姓。他逐渐革除积弊,使民众得以安居乐业,秩序井然。

凡是最好的诗人,都不是用文字写诗,而是用整个生命去写诗。成就一首好诗,需要真切的生命体验,直抒内心的欣喜、失意和痛苦。余缙就是用生命来写诗,用写诗来述说心中的苦闷,排解心中的痛苦,接续写下了《自悼》《自喜》《自怜》《自惭》系列诗。其中《自惭》是这样写的:

不辞五斗禄,思致二亲欢。

宁识羁三户,徒然守一官。

乡间明月外,家问白云端。

宁若力田子,壶餐问寝安。

破茧才能成蝶,百炼才能成钢,耀眼的光辉总是躲在乌云背后,黎明前的黑暗总是暂时的。余缙在辛劳中煎熬,在信念中支撑,在劳累中度日,期盼着早日脱离这样的苦难官涯生活……

六、共城同考官

　　顺治十一年（1654）秋，正当奔波于治河的余缙愁云密布、疲惫不堪之际，终于传来了一个令人振奋的好消息，他将奉命入闱，以进士、知县身份出任河南乡试的同考官①。

　　余缙交代完事务后，领命抵达共城，开启一段轻松优雅的同考官生活，这无疑给阴影笼罩的他带来了一缕曙光。他心里既高兴，又有些不安。自己曾经历过的乡试和三次无功而返的会试，可谓甘苦自知。在过去，每次落第，虽然在众人面前不多说什么，但心底里总免不了要骂考官有眼无珠，评卷不公，背后收受了大量贿赂。

　　共城是河南乡试地，坐落在太行山支脉九山的南麓，东沿东石河，西临百泉河，南望平原活野，像几条体魄巨大的卧龙，断断续续，伏卧在太行山的怀抱里。城内有百泉

河、清晖阁、啸台等景点，历史悠久，风光旖旎。

清代乡试分三场进行，以初九、十二、十五日为正场。乡试的考官为正、副主考各一人，负责命题、阅卷、录取，同考官主要帮助阅卷，将所阅之优等卷荐呈主考。奉调前来的考官齐集，这些人还要经历一次考试，叫作考帘，即虽然这些官员都是帘官，但够不够资格，有没有滥竽充数的？于是就要出题考他们一考，只有考试合格的，才能具备在乡试中阅卷的资格。

余缙按规定时间到达贡院，通过了考帘，正式成为乡试的同考官。他领到了一份监试发下来的《科场事宜》，这是每次乡试必须遵守的规定，傍晚又由监临发下饬知二札，是这次乡试特别提醒的各项要求。他需放榜后才准"出闱"，在共城则需公差近两个月的时间。封丘官衙之事均不用操心，只等考生考完后阅卷。余缙到达共城后，一下子轻松起来，在清简如水的时光里，静赏一山一水，一朝一夕，寂静安然。他与同行考官一起读书品茶，切磋诗词，淡看繁华烟云，岁月安好，过着极为舒心的日子，成了一生中一段难忘的共城之旅。因为入闱，也成就了他第二个文章诗歌创作的高潮期。

乡试考场，由省巡抚任"监临"，即总监贡院内外一切行政事。入闱之仪仗隆重威严，前有全副仪仗开道，正副主考及"监临"身着朝衣朝冠坐八人显轿，显轿无顶棚，其余监试、同考官等乘八人轿随之。队列最后抬一箱盒，内装腰斩行刑铡刀一具,专为主考官犯科场大罪而备,足见朝廷对科举考试的高度重视。

共城贡院在百泉书院,余缙与其他考官一起旅居在书院。他在《共城游记》中写道:"后倚峦岫,傍湛寒潭,房阶几榻间,皆淙淙鸣泉,澄冽可鉴。夜半闻上方钟鼓如落天际,秋声月色,谷响悠然。梦中如琴如筑者,皆泉韵也。"这么幽静而富有诗意的居住环境,对于诗人余缙来说,那真是梦寐以求,求之不得的。在这样的环境下,余缙脱下一切束缚,拥有独自静思的空间,诗情萌发,信手拈来,巧言妙语,字字珠玑,写下了一篇篇不朽的诗作。

入闱后,余缙终于可以不必焦急地奔走于河道,不必案牍劳形,可以坦然地在百泉书院的舍房内睡到自然醒,在天朗气清的秋天,饮酒赋诗,观山赏水,泛舟湖里,笑看落日。他过着慢生活,悠然闲适之情流淌在字里行间,写下了《入闱即事》:

> 风泻涛生树,山空月护门。
>
> 岩云依竹槛,寒瀑涤溪荪。
>
> 静意秋香发,虚音爽籁存。
>
> 自愁眯目久,焉识锦天孙?

清代的乡试场规极严,对试前、试后、场内、场外皆严立禁令。严禁考官交通嘱托,贿卖关节,严禁士子与员役协同作弊,违禁者严处。阅卷时的一念之差,就可以直接改变一个人的命运。考试官责任极其重大,所以他们的一切行为也极其慎重。因为几千名考生参加乡试,竞争相当激烈。当时清朝律法对科举作弊的处理相当严厉,不是斩首便是下狱。就在顺治十四年(1657)的河南乡试中,主考官黄钺和副主考丁澎因主持乡试时违例,更改举人原文,当年十二月被弹劾,遭革职流放。顺治八年(1651)丁酉科场案尤其血腥。那一年同时查出多地乡试舞弊,以顺天府、江南两地为最,结果在顺天府乡试案里,四名同考官被杀,三名牵连进去的官员也被诛杀,家产籍没,父兄妻子共一百零八人流徙关外的尚阳堡。另有四十名案犯已经被判处死刑,最后一刻改为流刑,全家流放尚阳堡。江南乡试案更惨,两个主考加十八个同考官一个不留,全部处死,妻子没入为奴。

在出发之前,余缙对自己也一次次告诫,考官之职必须按科举规则执行,认真履职,绝不能营私舞弊,中饱私囊,更不能出半点差错。

当时"一登科第,则有所谓主考官者,谓之座师;有所谓同考官者,谓之房师;同榜之士,谓之同年;同年之子,谓之年侄;座师、房师之子,谓之世兄;座师、房师之谓我,谓之门生;而门生之所取中者,谓之门孙;门孙之谓其师之师,谓之大老师。朋比胶固,牢不可解"。考生们因为考试而形成师生关系、同门关系、同年关系、门生关系等各种不同的关系,进而形成牢固的朋党。出发前,余缙就收到了同年兼上世河南按察司副使沈荃的一封信,要求对其夫人之侄子乡试中予以关照,还附上了其平常所做的文章和诗词。

余缙内心十分矛盾,怕温情脉脉的友好往来变成了赤裸裸的互相利用,左右为难。断然拒绝呢,不仅是断了同年之情,更是得罪了上司,以后工作肯定会为难自己。答应吧,则公然违反科场规则,一经查出,将严厉处罚,余缙陷入了困境之中。深夜,他先给附上的文章和诗词做了十分详细的注解,书写了标准答案。接着写了回信,大意是这样:信已收悉,乡试中照顾一事实难遵命。侄子的文章炉火纯青,按照我的标准加以注意,定能如愿以偿。

余缙入住书院后,有不少富家子弟,想方设法企图用歪门斜道取得乡试成功。好几天晚上,有几个考生前来敲开余缙的房门,拿着很多金银财宝企图贿赂,均遭到他的严词拒绝。最后,余缙不再理会贸然敲门之人,每天在百泉书院忙着备课。就乡试可能出的题目,从诸家经说中摘抄一些条目,以供阅卷时参考,不断提高自己甄别文章优劣的能力。考生们撰文不能不知出处杜撰,也不能脱离经说的范围。阅卷时可以比对,也可以纠正他们的错误。

闲暇时,余缙则休养生息,趁机游山玩水。他望着苏门山,渴望有一天与"竹林七贤"的精神领袖嵇康一样,做一个"和雨入天台"的梦,遥道自由,胜似神仙,作诗《望苏门山》:

列嶂争舒嚷,斜阳众壑开。

羊肠知路仄,鸟道得云颓。

杳霭岗分树,苍茫瀑隐台。

还同中散梦,和雨入天台。

余缙还登临百泉南的草堂,写诗《登泉南草堂有怀》三首记之,其一为:

一池青玉浸蒹葭,百顷波光照夕霞。

饶有菰田明竹坞,怪无樵唱出山家。

断垣初发蔷薇萼,废圃犹留茈苕花。

因念故园丛桂好,何时策杖对新葩。

十五日后,乡试结束。考生们结束了连日来的奋战,终于可以松口气迎接放榜了。考生姓名、籍贯等个人信息,自交卷至发榜任何人不得见。为防止考生于试卷上做记号或其笔迹泄露,交卷后阅卷前,专有誊录官若干把每份试卷用红笔誊写一遍,曰"朱卷"。再专门配了对读官,负责将考生之"墨卷"与誊录官之"朱卷"详加核对,是否匹配,无误后始由同考官阅卷。同考官所阅试卷均为"朱卷",即誊录官之红字卷。考生之"墨卷"于誊录后存封。同考官阅卷取中,将"朱卷"荐与主考。主考审阅而未取者,曰"出房"。录取名额已满而有遗余者,曰"堂备"。正主考取单数名次,副主考取双数。头名谓之"解元",必归正主考所取;二名之"亚元",归副主考取。以此类推。阅卷开始前,正、副主考官把朱卷分成小堆,用抽签的办法随机分派给同考官。同考官阅卷后,选出好卷子推荐给主考官,两位主考官来决定是否录用。

余缙立刻投入忙碌的阅卷之中,按乡试的程序开始紧张的工作。他是第一次出帘差,做乡试同考官,所以他做事十分认真,一直抱着不辜负学士的心血,以战战兢兢、如履薄冰之心搜求好卷。一次又一次仔细审阅,唯恐自己眼光不到而遗落好卷。

三天后的上午九时,考官们照例要共同办公一次。两位主考和同考官四十人都穿着正式官服,集中到书院阅卷,到午时才各归各处。"甲午乡试为同考官,所拔皆名士,凡得十九人,亦异数也。"余缙认真挑选,荐举贤能,共向主考官呈卷十九份,均得了主考官的认同。呈存卷结束后,余下来的时间就是点各种卷子,上江卷多少,下江卷多少,二场三场卷各多少。三天后,经书前来将所有落卷都拿走了,阅卷任务至此结束。

三场考毕,发榜前夕,总督入闱监视填榜,主考、监临以下试官大员依次列坐于贡院大堂。当众拆封录取试卷并写榜。榜式横写,自第六名写起,留前五名位置空白,写满五十名就休息一下,以免差错。中午写起,当正、副榜书写完毕,到午夜前才从第五名倒填上去,谓五经魁。中榜者若不打算再次乡试,可往礼部备选,发外省州判等职用。乡试榜发后,考官们才可离开贡院,曰"出闱"。

撤闱后，按照规定，考官们可以放假几天。余缙很珍惜这种偷得片刻闲暇的时刻，与考官们一起游览百泉、啸台多日，洗涤阅卷后的疲倦，享受生活的乐趣。

共城百泉湖，有"北国小西湖"之称，位于苏门山南麓，始建于周朝，泉水甘洌，清澈见底。北宋文学家苏轼、元朝王磐等留下了啸台、三碑亭、清晖阁、卫源庙等名人遗址。余缙在《共城游记》中是这样描绘的："方池深数丈，大可百亩，泉出如喷珠漱玉，不择地而施。又如茶铛，初沸时，蟹眼松风，狂涌肆溢也。"余缙对这般宛如江南风景情有独钟，十分喜爱，遂与同人一起远眺百泉湖，遇雨避之不及，倚楼听雨，写下了《秋日偕同人眺百泉遇雨》：

空山树暗作涛声，寒苑灵泉沸小泓。

佶曲花溪吹石沫，洄旋竹屋涨漱萍。

鸥群乍憩曛将暝，鹤盖遄飞澍复晴。

频掬珍珠漱客齿，会当洗耳听淙鸣。

晚饭后，余缙出书院散步，暮游百泉，写下《暮行百泉上》：

闲寻瘦竹访幽邨，月满清溪浸雪源。

响彻秋空飞瀑雨，幻成丹壑起云根。

兰亭修禊山花寂，柳浪弹棋石碣昏。

惟有寒蝉衰树下，长流碧湍绕柴门。

余缙深爱百泉,和同人又一起再游,诗歌唱和,奇文共赏,遂作《秋日百泉上和邵旭如作》(两首):

其一

月魄深深露气浓,涛声惊出树林中。

天回沙雁流霞阁,草合秋虫噆水宫。

山骨渐癯唯润竹,云根未扫忽飘枫。

上方虚籁澄湫远,何处溪香入院风。

其二

池阴放月碍疏桐,百濑声溅落木中。

遥取岚光临碧榭,平分秋色近寒宫。

露华初满长年药,山气难支欲堕枫。

银雪浮溪云入屋,一筇乘夜啸天风。

余缙游百泉院,登孙真人啸台,谒姚许两先生祠,归宿十方院佛教寺院。他遇见了僧人了原上人。了原系同乡,擅长书画,少年则遍寻名师学习,游览很多名胜古迹,晚年才出家至此。他莳花灌竹,弹奏阮咸①,事事饶为之,而独不谈佛法。余缙与他交谈甚欢,十分投机,深深地佩服他的学识深厚,遂作五律《十方院小息,得故乡了原上人》:

引车入兰若,小坐远公庐。

落日衔山吻,秋空向雁书。

---

① 乐器名,琵琶之类,传为晋时阮咸所制,故名。简称阮。

梵师犹越语，树影亦凉区。

闲憩忘良久，登城已烛除。

余缙后来与了原上人一直以书信来往，成为挚友。三十年后的寒食节时，余缙思念共城与了原上人的相识，作诗《赠了原上人》：

不到共城三十年，山斋松柏可依然？

堂邻盘谷唯多石，琴号陶情恰少弦。

破衲差堪支水月，诗瓢久已挂萝烟。

近来寒食新槐火，玉版何时煮石泉。

在共城的日子里，余缙抽空给房师李五弦写信，诉说封丘工作的艰辛，对工作中的迷茫予以讨教，希望能得到老师的提携。后房师李五弦去世后，余缙悲怆地写下了《祭大司寇山东李夫子文》的动人祭文，其中"丙子之役，某年甫弱冠，受知门下，遂以大器相期。嗣是教诲培养，罔不备至。中间数颙公车，复遭世难，某已几几乎息机摧撞，自甘放废。而夫子眷怀弗置，益加勉策，以迄于今。虽驽劣无所建明，而造就之深，期许之厚，所谓生我者父母，成我者夫子矣！"叙写了房师李五弦的知遇之恩，对自己的赏识和期许，在艰辛工作时的鼓励和鞭策，胜似父母，情深似海，怀念之情令人动容。

几天后，余缙恋恋不舍地离开共城，回到封丘，立刻马不停蹄地投入到紧张而繁忙的治河工作之中。

七、中州推第一

　　每日不停地奔走，日夜的劳累，生活的困苦，余缙健硕的身体每况愈下。因为每日过多的行走，他患上了足疾，时常发作，发作时疼痛不已，甚至无法正常行走。他不顾身体的痛楚，靠着战栗的双腿紧咬牙关往前走，依然住宿在村舍，一刻不停地奔波在治河工程中。

　　为了治河，他全身心地投入，驻扎在决口，与河南巡抚亢得时一起察看河流，商量对策；为了治河，他不顾风霜雨雪、个人安危，始终站在工程的最前沿指挥；为了治河，他不顾家中有父母和妻儿需要赡养和抚养，捐出了部分俸禄。他爱封丘的百姓，爱封丘的一草一木，爱封丘的山山水水，把自己的一切都献给了封丘的建设。

　　从入闱的悠闲中一下子进入工作的轨道中，余缙忙里偷闲，趁着工作空闲之际与乡绅韩景琦一起种莲，来化解工作的压力，陶冶情操，并写诗《乙未春日行荆隆上，与韩子景琦约种莲，因长歌志之》：

余既治封之明年，亟饮韩生小隐园。

园之西扉有百川，其水滟潋清且涟。

余语韩生可艺莲，韩生笑谓余言然。

遂欲于兹搆曲轩，凿崖疏圃引澄潭。

中有洲渚相毗连，其上作亭宜素椽。

牵以鱼舠荡泽烟，陆居非屋水非船。

坐看寒鸥竟日眠，奚须五柳著庭前？

嗣此初涌成荷钱，新香拂袖廉以纤。

逮夏明葩映孤月，茎堪漉酒酬群贤。

与君耻独为君子，并薙菰蒲种菡萏。

寄语穷巷负刍者，毋侵兹地为牧田。

顺治十二年(1655)六月，朝廷派遣大理寺卿吴库礼、工部启心朗吴世霸、督捕右侍郎霍达等官员前往封丘视察治河工程，前往大王庙决口查看治堵情况。余缙一边陪同官员视察，一边联络河道官员加紧工程进度。他们看到治河工程正有条不紊地进行着，封丘境内各项治理工作也井然有序，纷纷赞叹余缙杰出的工作能力。

秋天，余缙长久村居，忙于河工，思乡之情油然而生，于是写下了《未秋思故乡山水之乐漫成》：

霜凄雁急露华明，竹舍新炊白粲秔。

采菊乍逢柑子熟，携竿恰得野螯横。

全收芋栗山家乐，饱有烟霞道服轻。

最爱溪头红叶路，莫教樵斧更丁丁。

他又思念家人，特别牵挂隐居在家的伯兄余纶，写下了《秋日怀伯兄》：

五柳①于今茂若何？寒香疏竹晚相过。

饶有红槽堪饷酒，宁无黄菊可浮醨。

开轩唯见山烟在，扫径何嫌露叶多。

谁念天边嘹呖处，联床风雨梦归么。

十一月，在余缙和治河官员的共同努力下，历时两年的治河工程终于顺利竣工，封丘的黄河之患终被制服。余缙激情而作《大王庙口竣工碑文》：九年复决大王庙口，全河北注。叀南流填淤几平古岸，其势建瓴直趋张秋，大为漕渠梗。公闻报，亲驻决口，偕中丞亢公朝夕规策全势，每徒步董率，虽风霾雨雪未尝休沐邸舍，慰劳卒徒出于至诚，人为尽力。

这个巨大的治河工程当时共花费白银八十万余两，而封丘县级国库空虚，财力十分有限，是余缙一次次向河道和河南道官员、封丘乡贤等多方面全力筹款所成。在整个治河工程中，余缙展现了出色的工作能力、爱民如子的品质及杰出的政治才华，在封丘历史上留下了光辉的一页。

---

① 五柳：指余纶，因清代进士许汝霖与其子一耀为同年好友，认为余纶品行高尚，富有民族气节，赠"风高五柳"，称其与陶渊明齐名。

转眼在封丘已六年了,何日才能摆脱目前困境,升职赴长安呢? 余缙在衙里有感而发,写下了《暮秋堤上即事》三首,其中第一首是这样写的:

> 菖莆老叶荻声干,沙雁初从水渚看。
>
> 寂历花枝蟏户静,扶疏树影鹊楼欢。
>
> 拟将烟雨归渔艇,便折篔筜作钓竿。
>
> 世事已凭驴背稳,揽辔何日发长安?

水患过的封丘百废待兴,亟须修筑各类文物建筑。还没有在治河中喘上一口气的余缙,又马不停蹄,开始筹款恢复建设县城的各类建筑。

神马村旧时有三大士院,士人铁范金身,非常庄严。因黄河决口而冲毁。当时河道总督杨方兴、河南巡抚亢得时、管河道方大猷三位官员在督治决口时,慷慨解囊,捐出俸薪予以建造。经过春天至冬天近一年的施工,三大士院重修完工,金碧辉煌,焕然增色。在大士院之北,旧时有三元君祠暨百子堂,在水患中变成废墟,仅留遗址。河道总督杨方兴等三位官员见此,又捐资,命工匠重新修缮,在原有基础上进行扩建,增置两庑,于十月开始至十一月竣工。为庆祝竣工,余缙作《重修三大士院碑文》,继作《重修三元君祠及广胤祠碑文》。余缙还为三大士院写下两副对联:

> 定力等须弥,水驯蛟龙,陆弭虎豹,三圣人鼎奠恒河,旧结茅庵于芥子;

慧光通瀚海,手调狮象,足躏鲸鳌,一切众苇登彼岸,新瞻白杜之莲花。

又

河从天上,行自地中,经积石,度龙门,顺大伾,玉书永锡而万国安澜,谿鲋同归海屋;

佛出西陲,教明东土,始落迦,继峨岷,盛金台,法乘弘敷而四生广济,芥蚁咸附慈航。

在重修县城的过程中,余缙一边要筹集资金,一边要负责工程管理,不停地忙碌着。他渴望什么时候与好友一起归隐故里,与山水为伴。夏天,好友四师来河南见余缙,约他一起弃官,在五泄洞岩间的茅草屋住下,畅游山水。余缙写下了一首七律《丙申夏日四师自越至豫,以鞋、茗见饷,且约弃官归日结茅五泄洞岩间,以七十二峰为友,而予贫宦,并不能以杖履为资,赋此赠之》:

溯涉江淮复渡河,携来凫舄并茗柯。

约成莲社期非远,话到松溪悟忽多。

最是螯峰云老处,几人瓢笠雨中过。

买山今属支公矣,泛海其如苏子何!

顺治十四年(1657),在余缙主持下又重修了位于城内正中的县衙。落成后,他终于结束了长达四年旅居村落的历史,搬至衙内的寓馆居住,可以安心在书舍、书室内审阅

公文,写诗作文。他在封丘县堂写下了一副对联:

> 师楚子筚路之风,芟荆翦棘,力图封父遗模,但环视闾阎,尚藉十年生聚;

> 弘卫侯帛冠之教,鸠工庀材,冀复平丘故址,喜劳来耕稼,渐开百里农桑。

渐渐地,余缙的各项工作有了起色,生活也渐渐地安定下来。他写信给夫人郑氏,邀请她与儿子们一起到封丘居住,享受生活,却遭夫人严词拒绝。她说:"中馈妇职,吾能任之费烦,君虑洁吏职也,君其勉之,无负老亲训。"余缙之父听后十分感激,道:"真是吾家妇人。"郑夫人提醒余缙做官要为民清廉,仍然坚持居住在家乡,侍奉双亲,参加农业生产劳动,耕地纺线,教育儿子,勤俭持家。

在工作之余,余缙游览了封丘,写下了《平丘八景》(用前令张公鲤韵),《中滦夜雨》《磨潭秋月》《青陵古树》《黄池芳草》《封父旧亭》《翟母遗墓》《淳于晓钟》《翟沟晴波》共十六首诗。其中《磨潭秋月》是这样写的:

其一

小池寒碧自生妍,摇漾秋蟾桂魄鲜。

午夜晖飞金作缕,长空霞照玉吹烟。

冰壶孤映瑶台客,娥杵光传博望仙。

两镜相涵谁上下,水天一色共心缘。

其二

一掬盈盈通溟渤，下泉寒碧何时竭？

空嗟林下影空濛，未睹桂丛芳信发。

衰草斜阳急晚砧，荒篱古岸凄残碣。

行游胜事不堪寻，朝来独往西山笏。

封丘城隍庙

每个城市都有精神象征的建筑符号，封丘是一座历史古城，则以城隍庙作为城市的象征。城隍庙，起源于古代隍城的祭祀，为《周宫》八神之一。"城"原指挖土筑的高墙，"隍"原指没有水的护城壕。古人造城是为了保护城内百姓的安全，所以修了高大的城墙、城楼、城门以及壕城、护城河。他们认为与人们的生活、生产安全密切相关的事物，都有神在，于是城和隍被神化为城市的保护神和精神的象征。

封丘城隍庙位于县城东大街路北，坐北向南，历史悠久，创建于明洪武五年（1372），由县丞张宗海初建。弘治十一年（1498），知县袁仕重建。万历十一年（1583），知县郝国章重修，方亭一座，大门、二门各三间，城隍庙后殿二门上建楼，东西厢房各七间，后寝宫三间，东通锡印宫，规模宏大。顺治九年(1652),因为黄河决堤,把象征封丘人民精神家园的城隍庙给冲毁了。

顺治十五年(1658),知县余缙从救灾起就把重修城隍庙的事放在心上。无奈国库本已空虚,因兴修水利而欠债不少。他首先捐出自己半年的俸禄,接下来动员各方乡贤捐资修庙。通过一年的努力,被大水冲毁的城隍庙得以原貌修复,建成城隍庙后殿五间。

封丘邑人周维昇闻讯后,为余缙的真情所动,又出资续建乐楼三间。至此,城隍庙修复工程得以顺利结束。对殿宇、楼阁、碑廊、牌坊进行的细致修葺,使这座具有悠久历史的老城隍庙重现了昔日风采,古色古香,气势恢弘,精美绝伦,一直保存至今。

《宋·地理志》曰:(封丘)重礼教,勤耕纴,俗尊年齿,学尚经术。余缙又竭力筹款,重修封丘儒学,恢复童生入学,对他们进行道德礼仪教育训导,并通过考试加以规范。他还拿出自己的藏书供学子们阅读。从此,封丘县学月月有课程,年年有考试,进入县学读书的人越来越多,更多的封丘百姓受到了文化的熏陶和礼仪道德的教化。他还在各地增设了十余所义学,使城乡贫民子弟都有了读书识字的机会。

接着,余缙于顺治十五年(1658)八月至(1659)二月修复了先师庙,又复建了关王庙、玉皇庙、元帝庙等古迹,封丘的所有古迹得到了修缮和保护。余缙这种强烈的保护古建筑的意识直到今天还有其一定的先进性和前瞻性,不得不佩服他的才识和远见。

顺治十五年(1658)四月,河南布政司使奉钦差河南巡抚、兵部尚书、都察院右副御史贾汉复之命,下发文件要求各地编修地方志。"以天壤间而有封,以数千百年之封而有今日,尚可志乎?无可志乎?夫作志,盛事也,亦乐事也。"余缙奉命主修《封丘县志》,开始寻找以前旧志。旧志为邑人边南亭先生手辑,鸿博综练,记载详细,但宋、元以前多简略不备,明神宗以后数十年间,人物事迹等很久没有辑录。加上灾患等,旧志遗散较多而不齐,对修志工作带来了很大的困难。余缙下令,令所有乡邑搜集古籍资料,博访英贤,力求所有名人编入新志。夏天,在余缙的主持下,召集师儒等所有官员进行商讨方法,分配任务。还邀请封丘乡贤李嵩阳①一起着手修编,从县衙到村寨,从田间到地头,从京城到豫城,查阅资料,走访百姓,力求史料的真实。

深夜,余缙在衙署中编著《封丘县志》,面对宁静的夜色,写下《署中夜坐》:

> 陈月窥人密,沙虫对语清。

---

① 李嵩阳,封丘人,幼时聪颖过人,才华出众,生于明朝万历三十四年(1606),卒于清朝康熙三年(1664),历任清工部司务,史部司务,兵部督捕员,直隶天津兵备道山东副使,广东监察御史,江南学政等职。

铎声惊坠露，树影对孤檠。

过雁愁听尽，寒鸡畏欲鸣。

闲思北窗下，刻烛著书成。

余缙他们克服了一个个困难，顺治十六年（1659）五月《封丘县志》终于得以修成。《封丘县志》分成九卷，其中卷一为封域，卷二为建置，卷三为民土，卷四为学校，卷五为职官，卷六为人物，卷七至卷九为艺文，这为研究封丘人文历史、风土人情留下了宝贵的史料。余缙又为封丘的文化建设留下了浓墨的一笔。

余缙撰写的《重修封邑志小序》中叙道：戊戌春，奉巡抚大司马中丞贾公宪檄，令郡邑各搜罗故籍，博访英贤，务求名公钜章续入近编，以光全志，甚盛典也。缙捧檄，即集僚佐、师儒，商确延访，次敦请乡缙绅先生，综理旧闻，参以舆论，先揭示五衢，俾通邑士民，凡有所记识，皆得适馆启告，以资考订，虽老隶故卒，有一得之陈者咸直入勿呵止，庶几稽古之余，辅以谋野矣……后又在《封县志后序》中写道：使邑有名山水暨贤士大夫，比庐聚处，相与搜讨古今，网罗遗轶，汇成一书，于以垂金石、光琬琰，讵非有生之快事哉……然则谓九州之志，唯豫为不朽，而八郡之志唯封为实录也，奚不可哉！

在上下级公文往返和官场迎来送往中，余缙杰出的文学水平和写作能力得到了充分的展示和大家一致的赞许。

他为自己和封丘县写给各级上官的礼仪性"启"文多篇,其中有《迎新任分守大梁道王启》《祝兵巡道佟寿启》《请吴刑厅公启》《候德州仓户部张启》等。余缙还代各级上官包括河道总督杨文兴、管河道徐必远、驿盐道郭四维等写作的"启"多篇,有《代杨总河贺亢抚台生子启》《代河道徐候正主考黄启》《代驿盐道郭迎新总河朱大启》等,几乎成为上级官员的写作助手,其写作水平之高得到了普遍的认同。因此当吏部前来考察余缙政绩时,这些官员都纷纷举贤推荐。

在封丘的日子里,余缙日夜辛劳,助河工、修水利、省赋役、修县衙、葺学宫、新祠庙、纂县志,劳苦功高,功勋卓越,深受百姓爱戴。他为官清廉自守,拒绝收受贿赂馈赠,当地民众都心悦诚服。当年吏部对全国各地的县令进行了分片考核,其中余缙以治绩卓著而获得了中州的第一名,不仅仅是百姓口口传颂的一位好官,更成为朝廷各项指标考核下的好官,令人赞叹。

余缙突出治行受到了河南督抚贾汉复的关注,封丘被评为全道治理的榜样。督抚贾汉复及河道总督杨方兴、朱之锡均向朝廷上书"虽治止一邑,而余缙有守有为、霖雨苍生,于此盖略见一班矣"。他们荐举余缙治理封丘业绩卓著,工作勤奋、清正廉洁、能力出众,是可用之才,应予以重任。

康熙十九年(1680),封丘知县王锡魁修纂的《封丘县志》是这样评价余缙的："利害关民，务力为陈白……必如其议而后止。即驿站一事，抗申不啻再四，后竟得请。至今封民无驿站之累者，皆公之力也。公清正廉直，为诸上台所敬重，有所陈请，每优容从之……特擢御史。去后民咸思之。"

秋天，顺治皇帝召天下廉洁而又有能力的官员入京，封为御史。余缙被召入都接受考察。六年拼搏的艰辛与痛苦终于有了回报，迎接他的是成功后的欣慰和幸福。

八、山西道御史

　　顺治十六年（1659）秋，余缙因治理封丘有功，举荐后入都，接受吏部和皇帝的当面考察。

　　临行前，余缙泪别封丘百姓。六年的时光，说长不长，说短也不短，多少个日子奔波于治河工地，多少次路上联络于府道和河道之间，多少个不眠之夜策谋于修建祠院之中……余缙洒下了多少汗水，奉献了多少青春与年华，耗费了多少心血……如今，要离开这块深爱着整整耕耘了六年的土地，离开他呕心沥血为之奋斗的封丘，余缙不禁热泪盈眶。"天地之间有杆秤，秤砣就是老百姓"。听到消息后，成千上万的封丘百姓前来送别，万人空巷，依依不舍，执意不肯。多少人留下了眼泪，追着送出几十里，还都不愿回去。一位上了年纪的大爷哽咽地说："好官啊，好官……"面对此情此景，余缙忍不住流下了热泪……

　　对未来满怀期待的余缙出发赴京，封丘那孤苦的生活终于一去不复返了，迎接他的将是全新的职位和挑战。他途经天津时,因好友的热情挽留,盛情难却,停留几日后再赴京城。

余缙在京城旅舍住下,听候皇帝召试。他一个人在外为官漂泊多年,思念双亲和妻儿,写下了《庚子岁朝》:

> 七年浪迹自揶揄,乞巧送穷真古愚。
>
> 白首两亲谁定省,青年诸稚竟荒芜。
>
> 山妻椎髻愁蚕绩,游子衰颜愧学儒。
>
> 偶见辛盘惊物候,恨侬殊不逮樵乌。

一直没有皇上召见的消息,余缙内心渐渐焦虑起来,只能静静地等待。他又要在京城过年,心情十分复杂,感叹万千,写下了《己亥除夕守岁》:

> 谁催春色到长安,爆竹通宵震粉盘。
>
> 饮尽酥觞欢未至,吟成椒颂烛初寒。
>
> 漏残到处皆呼枊,钟动何人不整冠?
>
> 唯有八年孤宦客,余灰拨尽带衣宽。

顺治十七年(1660)正月,余缙为官后初次入朝,接受皇上召见,后写下了《初入朝志喜》一诗:

> 重来振策凤凰城,爽气朝浮翠霭明。
>
> 燎远不烦通姓字,押班知是旧公卿。

不久,不幸的事传来,伯兄余纶中风,半身不遂。余缙心里十分悲痛和挂念,与伯兄余纶的感情十分浓厚。他们一起求学,一起进京赴考,照顾父母双亲和儿子们的教育均是兄长在担任。这样照顾父母的任务就落到了原配夫人郑氏身上,余缙不禁担心身体本来就不健康的妻子,如何能承担照顾的重任,更加不安起来。

余纶身为朝廷命官,坚守民族气节,誓不同流合污,隐居村落,照顾双亲,教育儿子和侄子。清朝统一中国后,余纶不愿再在这样的政治环境下生活,独居小楼,藏粮备薪于楼上,并发誓:不踏清朝地,不戴清朝天,不吃清朝粮。许多好友好言相劝,劝其要顺应历史潮流,识时务者为俊杰,他仍然坚持。其媳妇楼氏见状,心痛不已,故意用激将法,说:"你喝的水难道不是清朝的?"不料,适得其反,余纶则拒绝喝水,加上中风,不久则抑塞而终,享年四十九岁。

六月,人品耿直、才华出众的余缙通过了皇帝的面试,经吏部和监察院的联合考察,试授为山西道监察御史。清朝官吏的任用规定,初任官者,需试任两年,试任期满,称职者才为实授。同时选为御史的有行人司徐越、东明知县杨素蕴和顺德府推官萧震等,其中杨素蕴和萧震是余缙的知心好友。

消息传到家乡,其父元文立刻驰书一封,"汝以一介小吏,蒙恩擢升耳目官也,当殚精献替以图报。"余缙认真阅读,深受启发,便说:"臣本风尘外吏,谬应耳目之司,知而不言懼负。"自己身为皇帝最信任的御史,一定要恪尽职守,为国效力。

其实作为御史，每个朝代均有特殊的要求，无论是品行、学识，还是能力等需全面考察合格，方能录用。唐代要求"凡所取御史，必先质重勇退者"。宋代要求"御史必用忠厚淳直、通明治体之人，以革浇薄之弊"。明代要求"当用清谨介直之士。清则无私，谨则无忽，介直则敢言"。清代则要求"品行端正，才华出众，清廉奉公"。可见，从选人开始，就注重正人先正己，以树立御史的权威。

《清史稿》卷五记载："丁亥，谕曰：国家设督抚巡按，振纲立纪，剔弊发奸，将令互为监察。近来积习，乃彼此容隐。凡所纠劾止末员，岂称设官之意。嗣有瞻顾徇私者，并坐其罪。"顺治元年起，都察院下属有十五道监察御史，按省区设立河南、江南、浙江、江西、山东、山西、陕西、湖广、福建、四川、广东、广西、云南、贵州、京畿等十五道。各道均置监察御史、启心郎、蒙古章京、笔帖式等官。其中河南、江南、浙江、山东、山西、陕西、京畿等七道俱授印信，因京畿道未设专官，故常称六掌印道；其掌印的监察御史称掌道，其他各御史称协道。此外湖广等八道，因无印信，分别附属于六掌印道，称坐道，其业务由所附掌印道兼理。《清史稿》卷二百四十四记载：国初循明旧，御史出为巡按。顺治七年罢，旋复设。八年，世祖亲政，特敕诫谕，并命都察院察访举劾。御太和殿，召新命诸巡按入见，赐坐宣谕。监察御史平时在京城都察院供职，称为内差或常差，如奉命出巡盐务即为巡盐御史，奉命出巡漕运即为巡漕御史，奉命巡按地方即为巡按御史，均称外差或特差。而监察御史奉命外出担任巡按御史则是外差或特差当中最多的一项任务。十五道监察御史满汉均为三品，顺治十六年改为七品，对初任监察御史的官员有试任期。可见朝廷对这个职位的重视。

余缙初授后，深感肩上担子的沉重。他认识到，御史这个极其重要的工作岗位，能够直言进谏，直接关系到各级官员和百姓的生命，决不能马虎了事，一定要在这个岗位上更好地造福百姓，必须要让自己赶快熟悉业务，快速进入角色。基于这样的思想认知，他认真研究大清律法，对律例的研究非常刻苦，凡是有疑义的地方，请教前辈，并大量翻阅资料、对比案例，力求懂、通、熟。在审案过程中，他关注细节，特别是审问人犯时，就像是在和家人谈话一样，一定要让人犯充分表达，没有遗漏、不会有所隐瞒。在实践中，真正执行律例时，他对自己的要求是，一定要公正、公平，彰显律法之庄严。同时，为进一步提高自己奏疏的能力，余缙认真领悟奏疏格式，熟读百家经史和律法，融会贯通。他还深入百姓家中，听取他们的呼声和需求，做好调查研究工作，确保搜集到的信息真实、客观。

相传，余缙在巡查汾州府期间侦破了一起震惊朝廷的命案。他在汾州府石楼督查时，发现了一件离奇的案子，下辖的石楼县令失踪多日。余缙便化作算命先生来到街头，走访百姓，调查案情。接连几天，余缙通过和一些街上

小贩等的交谈中得知了大致情况。汾州府的王府台贪得
无厌，常常欺压百姓，克扣公粮和经费。黄河在境内流过，
朝廷每年都会下拨不少水利经费，但是河堤屡修屡垮。听
说王府台在修筑江堤的过程中，伙同亲信偷工减料，中饱
私囊。豆腐渣工程自然挡不住汹涌的江潮，所以才屡修屡
垮。而石楼县斯知县是个清正廉洁的好官，不愿与其同流
合污，带领百姓精心修堤，顶住了一次次江潮的冲击，这一
来却引起了王府台的嫉恨。当得知有御史要来巡查的几
天前，斯知县竟然莫名失踪了。

　　原来，斯知县早已预料，也知道自己凶多吉少，将王府
台的贪污情况一一详细记录下来，并写下奏疏交给了师
爷，并吩咐如果自己失踪多日，要将奏疏上送给前来查案
的御史大人。为躲避杀手的追杀，师爷也化装成了测字先
生，在街上晃悠，寻找机会上送奏疏。当他打听到余御史
要来此地巡查，便将测字摊摆在了驿馆门口。晚上，余缙
在驿馆门口遇见了测字先生，便坐下来测字算命。通过交
谈，师爷确认眼前的就是御史大人后，便将珍藏怀里的奏
疏上送予余缙，并将事情的来龙去脉做了详细的讲解。

　　余缙连夜带领师爷、衙役去寻找埋尸的地点，通过猎
犬，终于找到了埋在驿站后花园里斯知县的尸首。晚上，
他还仔细研究了斯知县上奏朝廷的奏疏，上面记录了王府
台近年来贪污筑堤银款的数目。

　　天刚放亮，王府台便坐着大轿带着人赶来了。余缙刚

要仔细询问,却看到对方身戴重孝,很是意外,便问:"府上何人作古?"王府台泪流满面,悲戚地告诉他,老父昨夜得心绞痛突然去世,已向朝廷报了丁忧,不日将扶灵回老家守孝,不能陪伴御史进行督查,准予告假。

第二天,一大早王府上下便忙碌起来。乐队已列好队形,只等主人一声号令,奏起哀乐起灵。就在这时候,穿戴着官服的余缙带着一群衙役踏进了王府的大门。随即官兵控制了王府上下,前来送灵的各县官员见势不妙,纷纷准备脚底抹油,可哪里走得了,全部被官兵赶到了大堂上。

闻讯出来的王府台满面怒容,大声责问余缙:"今天是老父亲起灵的日子,我已向朝廷报了丁忧,何以如此无礼?"

余缙冷若冰霜地说道:"有人不同意你走——躺在花园里的斯知县,你知道的……"

王府台看见了余缙手里的奏疏,方知今天在劫难逃,便哀求余缙借一步说话,趁机道:"余御史大人,看在你我同朝为官的情分上,无论如何也得先让老父入土为安吧。"

余缙快步向前,手抚漆得乌黑锃亮的棺材,幽幽道:"可是你的老父亲没这么重啊?"

说完,命人打开棺材,在众人的惊呼声中,发现棺材里装满了金银珠宝。

"王大人,你的老父亲在这里。"师爷从人群中拽出一位老人,一把扯掉对方脸上的化装面具,这才是王府台的老父亲,他没死。

原来王府台得知余缙去了驿馆后花园后,顿觉大限将至。他非常清楚大清官制,朝廷下派的御史可以对三品以下官员提调罢黜,皇上特许的可以先斩后奏,况且这次余缙随身携带尚方宝剑。自己这会儿已在悬崖边上,伸头缩头都是一刀,不如拼个鱼死网破,或许还有一线生机。事到如今,王府台只得使出最后一招,让老父亲假死,上报丁忧,然后棺内装满金银,扶灵回老家,以逃脱余缙的追查。可他万万没有想到的是,世上没有不透风的墙,自己府上的管家是师爷的同乡好友,早已把府内的情况透露给了师爷。加上余缙明察秋毫,善于破案,公正廉明,因此掌握了全部案情。

余缙转向大厅,面露怒色:"诸位都是各县的父母官,府台丁忧下属前来吊唁送灵,也是情理中的事,可惜你们将要送走的不是死人,而是满棺的金银。这些金银从何而来?全是民脂民膏。还有,这里江堤为何屡修屡垮,各位心里更清楚。这汹涌的江潮冲走了两岸百姓的安宁,也冲走了某些官员的良心。如果有一天这江潮冲走了大清的百姓,请问你们这些七品八品,到哪里去为官?"

余缙瞥了眼瘫倒在地上的王府台,立刻从随从手中接过尚方宝剑,用力一挥,砍下了他的头颅。

余缙铁面无私,头脑敏锐而细心,善于从一些常人忽略的细节上发现问题的症结。曾排解过许多地方上发生的重大疑案悬案,使错案得到了平反,从而被百姓呼为"余青天"。

三月初六日,余缙因侦查案件有功,敢于直言,奏疏言之有理,功绩卓著,政声斐然,皇恩浩荡,受敕命一道:

山西道试监察御史余缙并妻敕命一道

奉天承运皇帝制曰:

锡类推恩,朝廷之大典;分猷亮采,臣子之常经。尔山西道试监察御史余缙,植节刚方,服官敬慎,简畀西台之任,茂昭謇谔之声。庆典欣逢,恩纶用贲。兹以覃恩,授尔为文林郎,锡之敕命。於戏!宏敷章服之荣,用励靖共之谊。钦兹。宏命懋乃嘉猷。

初任河南开封府封丘县知县;

二任今职。

制曰:

恪共奉职,良臣既殚厥心;贞顺宜家,淑女爰从其贵。尔山西道试监察御史余缙妻郑氏,含章协德,令仪夙著于闺闱;黾勉同心,内治相成于夙夜。兹以覃恩,封尔为孺人。於戏!龙章焕载,用褒敬戒之勤;翟茀钦承,益励柔嘉之则。

顺治十七年三月初六日

封赏有敕命与诰命之分,乃官阶不同之故。五品以上曰诰,六品以下曰敕。封赏对象不同,也是官阶不同之故。

按大清制,一品赠封三代,二品、三品赠封二代,四至七品赠封一代,八、九品至于本人。正从三品,祖母、母、妻各封赠淑人;正从四品,母、妻各封赠恭人。当然,封赠制度在实际执行中,会根据具体对象的不同情况而做出适当调整,不能刻板地对号入座。以上可见,余缙作为监察御史应为从五品官员,而从五品不属五品之列。

收到诰敕一个月后,余缙的原配夫人郑氏因劳累过度,不幸去世。听到这个消息,余缙悲痛欲绝,后悔没有坚持将夫人接到身边,好好帮她治病。而郑夫人一直在高湖辛勤劳作,照顾父母和儿女,没有因为丈夫做官而坐享清福,过上一天的奢侈生活。想到这里,余缙不禁泪如雨下,之前虽曾收到儿子书信,说夫人因病缠身,因想念写下了《妇病》:

念子焦劳尚未瘥,只缘中馈日沉疴。

官贫竟尔忘闺阃,岁歉因兼病醢醝。

拙性本能同草木,旅人空自隔山河。

敝裘寥廓归无日,柴瘠如君奈若何。

余缙匆匆回到高湖处理后事,在灵枢前,悲恸欲绝。父母拿出郑夫人留下的钱给他,他一看明白了其中原因,热泪盈眶。原来郑夫人为节省钱而一直不肯治病,还偷偷把余缙寄给她治病的钱积攒起来,打算留给儿女们读书之用。余缙清楚地记得,二十年前,同学处看见了几本名人所写的书籍，非常喜欢，因为家穷买不起书。妻子得知后，毅然把头上的首饰拔下去当铺换钱，让他去买书。郑夫人有颗纯洁的心，善良贤淑，吃苦耐劳，是世界上最美丽的女人。余缙悲痛、感动、内疚的感情交织在一起，不禁泪如雨下，大哭起来。

几天后，余缙强忍悲痛，回到工作岗位继续坚持巡视和复查案件。

八月，余缙认真调研，悉心走访百姓，经过深入细致的思考，再加入自己丰富的实践经验，终于写成了第一个奏疏《欲奏澄清疏》，其中"臣再四思维，悉心细访，始知民之未安由于吏之未察，而吏之未察由于积蠹通家、窝访卖访之大弊未除也……伏乞皇上严饬巡方诸臣，凡所历郡县，必先悉心访究此属，或微服潜行，或集众公询，务廉得其实，尽法处治，以雪吏民之冤枉，以杜地方之大害，则自然弊绝风清，民安物阜，为国家千万年熙隆之治矣。"一个月后，刑部议覆余缙疏言："如台臣所请严加申饬，以除民害。"余缙撰写的第一个奏疏刑部如此重视，更加激发了他上疏的积极性。他一有空便钻研书籍，深入大街小巷，听取平常百姓的意见和建议，为以后不断撰写高质量的奏疏打下了基础。

余缙先后撰写了奏疏《恭陈河防利弊疏》《河防道臣疏》，这些都是他在封丘治河的心得。实践出真知，河道总督非常重视，亲自给余缙予以答复，采纳他的意见和建议。

顺治十七年（1660）十二月，当时国内形势十分复杂，郑成功会同张煌言攻入长江,包围南京,张煌言收复芜湖一带十数府县,一时江南震动,后郑军大败,退回厦门。朝廷中有多人提出放弃舟山,皇上正打算放弃之际,作为山西道御史的余缙,高瞻远瞩,上疏皇上《舟山必不可弃疏》:舟山宜守,小门宜防;请于小门安置炮位,严添防戍,以保全东南疆土。余缙此疏对舟山的地理位置重要性分析以及攻防的如何布局,科学合理,要点中肯,击中矢的,非常到位,因此这个著名的奏疏载入了史册。皇上采纳了他的意见,要求下部速议行。

接着,余缙奉命巡视北城及光禄寺。光禄寺位于北京皇城东安门内,是清代掌管朝廷祭享、筵席及宫中膳食的官署。原称为光禄勋,由汉朝郎中令演变而来,统属宫廷宿卫及侍从等。至魏、晋仅存其名,北齐则易名为光禄寺,职责亦变为掌理皇室膳食。光禄寺官员一般下设卿一人,少卿二人,寺丞二人。下面又分大官、珍羞、良酿、掌醢四署,各署又设正一人,署丞四人,监事四人,还有司牲司、司牧局、银库等。大官署负责供应祭品、宫膳、节令筵席、蕃使宴犒之事,珍羞署负责供应宫膳肴核之事,良醢署负责供应酒礼之事,掌醢署则负责供应厨料之事。司牲司,设大使和副大使各一人,司牧局设大使一人,主要掌管养牲畜。银库设大使一人,负责全寺的经费及财务来往。

在整个北京城,除了皇室之外,还有庞大的朝廷内廷人员、官僚队伍、以及参加国家工程建设的军民工匠和前来朝觐的外国官员使者等人,每天就餐人数超出一万,稍有不慎将会频频出现食品安全事故。况且朝廷的各种官办活动,如皇家祭祀、接待外宾、科举考试等的物食单资具有特定的供给标准。光禄寺与清代政治制度和政治活动、经济财政管理以及特定社会群体和社会风气的联系较为密切,若有疏忽,后果不堪设想,加上中国素有"民以食为天"的观念,因此光禄寺责任重大。

巡查时,余缙目睹了光禄寺宏大的场面,写下了一首《巡视光禄寺获睹天庖,敬赋》:

> 天家节俭古来无,玉食何曾列鼎腴?
>
> 蒟酱旧闻来大宛,蔗浆今只赍昆吾。
>
> 禁脔簇簇惟臑臛,郇稻陈陈少雁凫。
>
> 百尔在公师德意,莫愁下箸饰冰厨。

余缙是一个乡村农家长大的人,哪里见过这样大的世面?一下子惊呆了,不过成熟的他马上觉醒过来,还是履行巡视责职。他从细节入手,走访询问下层人员,仔细观察研究,发现光禄寺在行使职责的过程中,其厨役、物料买办、经费等存在一些问题,如厨役的人数和来源及职责、物料买办的种类和数量及作用、经费的收支和数量及其占国家财政的比例等等。这些方面存在的问题,既有光禄寺自身管理不严的原因,又有来自皇戚等外部因素的干扰,如何有效处置成了余缙必须思考的重要内容。

在查对账目和调查中,余缙发现了一个问题:光禄寺有张、李两个胥役数次以公事之机冒领财物,中饱私囊,性质十分恶劣。他一边收集证据,一边向朝廷上奏。证据确凿后,余缙立刻下令将张、李两个胥役逮捕入狱,严惩法办。光禄寺上下知晓此事后,方晓得新来的御史公正严明,是个厉害的清官。寺内原有那种不可一世的气焰一下子消停下来,大家都配合余缙的督查和改革的一系列措施。

余缙通过深入思考,听取多方意见,革除了光禄寺的一些陈规陋习,规范了署署相扣,相互监督验收的制度。同时,他查阅账本资料,明察秋毫,查处了侵吞公款、压榨商铺行商人的案件,惩处了个别贪官污吏,形成了一股风清气正的氛围。这次余缙负责的巡查,有效地促进了光禄寺的规范管理,对清代政治、经济、社会制度产生了重要的影响,受到了众人的赞叹:"所称真御史不当如是耶?"

余缙担任山西监察御史以来,处事公正,刚正不阿,清正廉洁,敢说敢做,颇负盛名,是一位受百姓称赞的好官,被誉为"铁面御史"。

余缙是一代孝子。在京城巡视之际,还是不停地牵挂年老的父母,恨不能伺服双亲,写下了《冬日怀二亲》诗:

小院梅开月满林,杖头沽酒百千频。

偶怀五斗疏三径,不及双童侍二亲。

九、乞归养父母

　　顺治十八年（1661）四月，余缙巡视光禄寺结束，因劳累过度，已身心疲惫。一封封家书叙说父母已至耄耋，体弱多病，身边亟须有人照顾。原配夫人郑氏已去世，伯兄余纶侍父病踰三载不安寝，现中风半身不遂，而自己却远在京城，无法尽孝道，心急如焚。

　　此时的余缙风华正茂，仕途正处于上升的关键时期，如果归养父母，势必影响今后仕途的发展。通过激烈的思想斗争，孝心战胜了一切，余缙最终向吏部上送了《陈情终养疏》："臣屡接臣父手书，唯见泪痕满纸，中间备写愁痛凄切情形。臣读之不觉方寸如焚、肝肠欲绝。臣思臣年方壮，报国尚有岁月，事亲唯在此时。苟明知父母之颠危无倚而不思奉侍，则在家为不孝之子，在国即为不忠之臣，亦何颜苟存于孝治之世乎？"表达了要求告假回乡，伺养父母的请求。吏部根据大清《会典》予以恩准。

　　获准后，余缙归心似箭，收拾行李迅速乘船南归。抵达江苏盐城天妃闸时,遭遇大风浪涛,船只无法前行。天妃闸闸上、闸下水位差较大,水流急,非缆绳系船不能停泊,故闸下置铁柱以系船。每当水急潮涌,浪击铁柱,铿锵之声盈耳。高岑《铁柱潮声》诗云:"策马春城草色浓,石梁东畔访遗踪。高擎碧汉神光远,突立中流剑气冲。骇浪奔腾淹日月,惊涛洄涨吼鱼龙。荒原寂寞空千古,安得骅骝一笑逢。"船夫系好后,下船在盐城住下。

待风平浪静后,余缙迫不及待地继续赶路,急匆匆赶回家乡,终于又看到了熟悉的风景。到达村口,就得知五月初四日,伯兄余纶已去世。余缙与伯兄余纶感情深厚,二人忧伤时相互慰藉,患难时相互扶助,彼此相会于梦寐之间,写诗互通音信。余缙在诗中是这样写及兄长的:"人羡黄门长夕郎,我怀旧事辄心伤。君家玉树兰为质,我有金昆①锦作肠。"

听到这个噩耗,余缙号啕大哭,追悔莫及,恨自己远在京城,竟不能与伯兄见上最后一面,实在是人生一大憾事。余缙一边安慰痛失长子的父母,一边又要安慰失父的侄子一燿,愁眉不展,心如刀绞。他开始害怕有一天父母突然走了,该如何面对呢?于是开始回忆起父母的生平,记录下来,执笔作了《乞言小引》:"自念德业凉菲,无足荣显吾亲。而又嘿嘿无所陈请,俾父母生平言行,齿已耄矣,未获

---

① 金昆:兄弟,指兄长余纶。

表见于世,心窃愧之。故敢质言大概,祈当代名公长者锡之琬琰,用光蓬荜,可胜感激荣施之至。"

余缙抛却所有的官场羁绊,化身于高湖村普通的农家子弟,安心在家奉养父母,照顾他们的饮食起居。闲时学作陶渊明采菊东篱下,种植桑麻,下湖捕鱼,重温儿时的快乐时光,偷得浮生半日闲,过着返璞归真的生活。当然,余缙依然嗜书如命,以读书写作为伴,与好友书信往来,在全然悠闲中享受生活,把简朴生活变得享受。

归养父母是充实的,也是劳累的。春天,余缙因好友相约,至绍兴府署卧龙山①,而作《张郐山②司理招饮卧龙山署》:

坐卧翠微宫,春郊野色同。

云光收鉴渚,岚影度江枫。

帘卷苍厓碧,轩开夕照红。

不辞浮大白,沉醉画图中。

康熙二年(1663),日子过得依旧艰难而飞快,转眼将到父亲元文的八十大寿日,余缙热心操办,为父母祝寿庆祝。同时,感叹自己为官十年,因为清正廉洁,家贫如洗,尚未脱离饥寒,仍然天天为无米而发愁,遂作《老父寿日再

---

① 卧龙山:指绍兴城内府山,原绍兴府署。

② 张郐山:张邦福,字向五,湖广蕲水人,顺治十五年(1658)戊戌科进士,顺治十八年任绍兴府推官。

咏》：

> 十年通籍尚饥寒，两地徒为膝下欢。
>
> 椎髻山妻愁米桶，白头游子误儒冠。
>
> 堂前历历椿双树，户外萧萧竹几竿。
>
> 薄宦经时怨菽水，生儿何必愿芝兰。

余缙照顾父母事必躬亲，亲自为父母洗头、洗脚、理发，更换衣服，端屎倒尿，日夜陪在身边，毫无怨言。他在陪伺父母的同时，还有最重要的一件事在做，那就是在"书田草堂"里给儿子、侄子们授课，修改文章，指出他们的不足和努力的方向。还口授科举心得体会及应试技巧，鼓励他们勤学苦读，科举及第，每天都严格督学，持之以恒。

余缙自兄长余纶去世后，视侄子一燿为己出，看他天资聪明，严格管教，关爱有加。在余缙的辛勤培育上，康熙二年（1663）秋，侄子余一燿乡试中举。余缙禁不住喜极而泣，为九泉下的兄长高兴，也仿佛看到自己兄弟俩苦学科举及第的影子。后继有人，余缙不觉欣慰地笑了。

十月十日，母亲赵氏去世，享年八十岁。十月怀胎母受苦，慈母家浓万滴血，余缙悲痛欲绝，披麻戴孝，含泪亲自操办丧事，忙碌不定。

余缙遂向吏部报告，正式开始丁忧守制。丁忧源于汉代，法律规定：凡官员父母去世，须报请解官，子女按礼须持丧三年，其间不婚娶，不赴宴，不应考，服满后起复。因服丧期间,不给俸,所以有官员百般恋职,不愿意回籍守孝,对此有处罚制度支持。官员瞒丧不报,短丧者,俱革职,不准援赦。即便是呈报迟缓,也要罚俸一年,若地方官员不为转报或迟延,也要罚俸。如后唐天成年间,滑州掌书记孟升因母丧隐瞒不报,最后被赐自尽。白居易的母亲由于看花坠井而死,在丁忧期间,白居易作了《赏花》及《新井》诗,被认为有伤官德孝道而遭一贬再贬,从京师到江州刺史,后又被贬为司马。

余缙要过一段蛰居的生活,两年零三个月才居丧期满。他杜门居家,尽行孝礼,思忆则哭,一边守制,一边潜心于阅读写作,教授儿侄们功课,日子过得非常充实而又清贫。

余缙在教授儿孙课程的过程中,发现了一件怪事,长孙懋相调皮捣蛋,上课坐立不安,很难安静地坐上一刻钟,家人无论怎么痛打教育均毫无效果。家人们都责怪儿子毓泳溺爱所致,而毓泳则觉得很是冤枉,一直对懋相严格要求,有时甚至近乎苛刻。余缙非常焦急,渴求赶快找到挽救的秘笈。他查遍了史书,请教了很多大儒名家,甚至还邀请堪舆家前来查看风水,都没有找到很好的解决方法。那时候没有多动症、感觉统合失调症等心理学的概念,只能这样想办法找答案。

余缙再三思索,思想可否用静坐气功之类的方法予以防治。于是,他让懋相每天晚上学习结束后,在书房盘腿静坐一刻钟,脑子里把白天所学的知识从头到尾梳理一遍,掌握知识要点。

余缙每晚都认真督促陪同,懋相一天天坚持不断地练习静坐。一个月后,懋相渐渐地变得安静起来,上课也逐渐认真起来。余缙喜上心头,感觉这个方法对路,便要求从原来的静坐时间一刻钟延长为两刻钟,其中前一刻钟用于反思当天学习的内容,后一刻钟用来清空放松身心。不久,懋相通过每晚不间断的练习,终于变得专心听讲,勤奋好学,后来还中了秀才。

静能生慧。后来,余缙将每晚静坐两刻钟作为余氏学习的秘诀,并总结了学习方法。"读书之法,在循序而渐进,熟读而静思。先须熟读,使其言皆若出于吾之口;继以精思,使其意皆若出于吾之心……"一直流传下来。

"静坐然后知平日之气浮,守默然后知平日之言躁,省事然后知平日之冗杂……",或许因为静坐的秘诀,才促使余氏子弟乐学善思,奋发进取,一个个耕读传家,从高湖走向京城,考中进士,亦官亦儒,功绩卓著,政声斐然。

第二年,即康熙三年(1664)七月,父亲元文因衰老去世,寿八十。整个余宅笼罩着哀伤的气氛,余缙声嘶力竭,痛哭流泪。他一直在照顾父亲的饮食起居,日夜服侍,幸亏乞归在家,总算尽了一份孝道,在悲伤之余心中尚有一丝心安。他几天几夜全力操办丧事,无不躬亲。子侄们见其辛苦,请求代劳,余缙则说:"汝曹非不能为,顾事非身亲,于心不安耳。"他对父母生前非常孝顺,毕恭毕敬,言听计从;去世时,伤心欲绝,肝肠寸断。完丧后,余缙继续开始丁忧守制读《礼》。

一天,院子里的枝繁叶茂、花时香殊清远的梅花因风雨所袭,惨不忍睹,睹物思人。余缙不禁想起父母的音容笑貌,暗暗流泪,作《泣梅》:

> 碧萼苍趺水月姿,先人手种未华时。
>
> 每依清影携筇杖,渐引寒香入酒卮。
>
> 冰骨偶同松鹤老,素心唯许桂蟾知。
>
> 夜来风雨浑难禁,洒泪空吟和雪诗。

康熙五年(1666)农历三月,河道总督朱之锡治河十年,因劳累过度死于总河任上,年仅四十四岁。康熙谕赐祭葬。黎民百姓无不称颂其惠政,奉为"河神",沿河立庙,春秋祠祭,称为"朱大王"。守制在家的余缙很迟才得知他去世的消息,泪如雨下,在封丘治河期间受过他的关怀,为感谢他的知遇之恩,作诗《吊故总河朱梅麓先生①》:

其一

报国忘躯孰过渠?一生清节道之余。

承明著作空群辈,开府勋名有宿储。

---

① 总河朱:朱之锡(1623—1666),字孟九,号梅麓,浙江义乌人。顺治三年(1646)丙戌进士,顺治十四年七月任河道总督。

四载真犹拯已溺,十年何敢赋闲居。

惭余曾作河滨吏,徒滥先生荐士书。

其二

特简才人长石渠,禹功曾讲八砖余。

端醇品目挥宸翰,疏瀹功名济国储。

一死自难违主眷,半生何日念家居。

南池碧草青蒲外,应有先生玉简书。

乞归和丁忧守制期间,余缙的孙子懋楷、懋樟、懋标一个个接连出生,本来不宽裕的经济又面临着巨大的生活压力。作为一家之长的余缙,既要支持侄子们、儿子们求学参加科举,又要抚养新出生的孙子们,家里的生活捉襟见肘,越发清贫。余缙在丁忧时一直关注官场变化,渴望着早一天结束丁忧,服阕①赴新任。一方面是实现自己未尽的政治抱负,为国效力,造福百姓;另一方面则是需要用俸禄来补贴家庭,支持儿孙们就学读书,保证他们能健康成长。

---

① 服阕:又叫"服除",守丧期满除去孝服。阕,终了。

十、河南道御史

　　康熙六年(1667)春天,丁忧期满的余缙服阕赴京城补职。《旧唐书·王丘传》:"丁父忧去职,服阕,拜右散骑常侍,仍知制诰。"官员守制期满,对于余缙来说是一次仕途上的新起点。

　　四月,满怀期待的余缙抵京,在吏部报到后等候派遣。他在忐忑中度日,夜不能眠,辗转反侧,口占:"侬本薄德人,诸缘累此身。世情宁免俗,拙性幸安贫。少有江湖志,老唯丘壑亲。慎哉戕物命,终欲葆吾真。"

　　在彷徨中等待着,经过吏部考察、皇上钦命等一系列程序后,余缙终被复授河南道监察御史,便立刻走马上任,奔赴河南任职。

　　四月的一天,忽然得知原上司漕河总督林大中①因失

---

　　① 林大中:即林起龙,顺天大兴人,顺治三年(1646)丙戌进士,顺治十八年(1661)从凤阳巡抚升任漕运总督。

105

察漕船夹带货物,被朝廷查处,降三级致仕,心中甚为不悦,写七律诗两首《赠总漕林大中丞》赠之:

其一

神京一线仰漕渠,荷担唯兹见有余。

轸恤苍黔全国本,驱除鼠雀肃天储。

五年壁垒旌旗变,万里帆樯枕席居。

转饷从来希要策,愿公编辑上中书。

其二

史称食货并河渠,善法应令下有余。

弁卒岂堪嗟竭泽,舳舻无过庆丰储。

欲筹金粟舒民困,肯畏风波念退居?

萧相功成犹得谤,何人辨解乐羊书。

清代漕运总督衙门驻淮安,管辖山东、河南、江苏、安徽、江西、浙江、湖北、湖南八省漕政,具体负责漕运、检选运弁、漕船修造、查验回空、督催漕欠等事务。从漕粮收缴、起运,到漕船北上过淮、抵达通州,漕督都要亲自稽核督查,运输过程中出现的重要情况均需随时向皇帝报告。康熙皇帝非常重视漕务,亲政时将"漕运""三藩""河务"并列为必须要解决的三件大事。所以对漕运的官员甄选、查核和处罚,包括具体事务,都十分严格。当时,粮船行至济宁,运输船上的船丁有很多私自携带货物的,按规定是违反清代律法的。事后,总河督卢崇峻上疏林起龙失察,御史张志尹则辩解事情起因不在林起龙，不应该加罪。但皇上认为林起龙失职，官职降三级处理。法律是公正公平的，余缙只能深表惋惜和同情。

当时官署蓄乐的现象极为普遍，官署所蓄乐部有的隶属于官府，有的属职官家乐，有的属半官半私性质。官署演剧已兴盛一时，有的官员借官署之名蓄养家乐，一时社会上奢侈之风蔓延。御史余缙看在眼里，急在心上，眼看蓄乐之风越演越烈，照此下去，将会严重影响社会风气。他立刻上奏《恭请严禁蓄优疏》："臣观近自京师，远及外省，优戏繁多，几等四民之一。而在外将军、副都统及督抚、提镇等官，多自畜家乐，演习歌舞，此辈因得出入营署，恃势凌人，往往索人贿赂，骗人妻女，官民共怀投鼠之忌，宵人益张狐假之威……严禁见任官畜养优戏，以遏淫邪之横行事。"受疏后，皇上认为奏疏言之有理，下令全国严禁蓄优。

余缙借着丁忧期间积累的丰富知识储备，认真研究国家政策，把满腔激情和对国家兴亡、民族命运的关切、忧虑，全部寄寓于奏疏之中。他厚积薄发，一下子撰写了《请复朝觐疏》《遵旨指名疏》《榷关条款事权疏》《请集滨海残黎疏》《升任复留在任守制疏》《河势变迁疏凿宜先疏》《闽兵宜戢疏》《直陈民隐疏》《抚标理宜相酌复疏》等十余个奏疏。其中"榷关既奉裁并，请饬条禁以杜悠忽、重事权以防掣肘事"，"请集滨海残黎并移内地兵弁共修耕战，以保疆围、以舒国用事","详稽升任复留之例,并酌在官守制之因,乞改部臣拘执之成见,以杜大弊、以广孝思事"等观点,余缵都从国家和人民的利益出发,仗义执言,振聋发聩,赢得了上级官员的重视和部分的纳用。

十一月二十六日,余缵因监察有力,办事公道,为国献策,皇恩浩荡,又受到敕命一道。

河南道监察御史加二级余缵并妻敕命一道

奉天承运皇帝制曰:

锡类推恩,朝廷之大典;分猷亮采,臣子之常经。尔河南道监察御史加二级余缵,植节刚方,服官敬慎,简畀西台之任,懋昭謇谔之声。庆典欣逢,恩纶用贲。兹以覃恩,授尔为承德郎,锡之敕命。於戏!宏敷章服之荣,益励靖共之谊。钦兹。宏命懋乃嘉猷。

初任河南开封府封丘县知县;

二任山西道试监察御史;

三任加一级;

四任河南道监察御史;

五任今职。

制曰:

恪共奉职,良臣既殚厥心;贞顺宜家,淑女爰从其贵。尔河南道监察御史加二级余缵妻郑氏,含章协德,令仪夙著于闺闱;黾勉同心,内治相成于夙夜。兹以覃恩，封尔为安人。於戏！龙章焕载，用褒敬戒之勤；翟茀钦承，永作泉原之贲。

康熙六年十一月二十六日

受到皇帝嘉奖的余缙，更加尽心尽职地履行着御史的责职。但天有不测风云，康熙七年（1668）发生的一件事，让正直敢言、忧国忧民的他差点遭受灭族之灾。

四月的一天，余缙回老家高湖祭祖。一路车马劳顿，至绍兴途中，路上一片萧条，忽遇一群衣衫褛褴的难民四处逃窜。余缙大惊，连忙下轿让随从将难民找来询问，从难民口中获知：浙江提督从宁波移居绍兴后，大帅哈喇库蛮横贪财，放纵属下明抢暗夺，掠人妻女，抢人钱财，就连乞丐也不放过。可以说是无恶不作，横行乡里。遇有反抗的，则将其推至烫红的铁板上赤脚行走，惨不忍睹，并以此取乐。更为严重的，上个月数十位商人来绍兴做生意，哈提督的手下拦路抢夺金银珠宝，怕事情暴露，竟杀了二十余人。当地官员一听哈提督是旗人，属皇亲国戚，敢怒而不能言，放之任之，使他们的气焰越发嚣张。余缙一听，十分气愤，立刻想要弹劾，但一想到哈提督是旗人，是皇上的舅子，再加上绍兴不是自己的管辖范围，顿感有些不妙。

余缙回家后，陷入了深深的思索之中，左右为难，一方面皇亲国戚千万惹不得，弄不好会遭受灭门之灾……但作为御史，总不能眼看着哈帅暴政虐刑于百姓而逍遥法外……余缙彻夜未眠,思索再三,心想:决不能忘记当初入仕的初心,毅然决定上诉弹劾。"欲不除,以蛾扑灯,焚身乃止。"余缙下定决心,连忙收集哈提督罪行的详细证据,一次次上奏朝廷,要求弹劾哈提督并予以严惩。

当时,朝廷情况十分复杂,年仅八岁的康熙皇帝刚刚即位,国家的政务由索尼、苏克萨哈、遏必隆、鳌拜来辅政,其中索尼为首辅大臣。随着四辅政大臣内部势力的变化,本来居末位的鳌拜势力日益扩大,根本不把年幼的康熙皇帝和其他辅政大臣放在眼里。而此时历经三朝,经历多次宫廷斗争的索尼,以年老多病为由,采取以退为进的策略,持不与鳌拜发生冲突的回避态度。眼看鳌拜权倾朝野,孝庄皇太后为达到遏制鳌拜的目的,册立索尼的孙女赫舍里氏为皇后,并于康熙四年(1665)五月二十二日,十一岁的康熙皇帝和十二岁的赫舍里氏皇后举行了大婚典礼。在康熙八年(1669)夏天,康熙皇帝在赫舍里氏家族的协助下除掉了权臣鳌拜。

而此刻是最关键的一年,雄才大略的康熙帝面对不可一世的鳌拜,表面上不动声色,一方面给他封官加爵,暗地里抓紧实施"擒鳌"大计。正是这紧要阶段,对于旗人的政策丝毫马虎不得,必须万分谨慎。当康熙帝收到余缙的弹劾奏疏时,怕误了原有的国家大策,勃然大怒,认为弹劾哈提督是故意打击旗人,一怒之下,下旨抓余缙,灭其九族。

危难时刻的余缙彻夜难眠,其实他早有心理准备,多少弹劾皇亲国戚者不是坐牢杀头灭族就是贬职流放。只是因为自己的耿直而害了家人和族人，余缙不禁心如刀绞，泪如雨下。值得庆幸的是，在康熙的灭族诏书之前，朝中有人哀其不幸，帮助余缙暗地里传讯乡里，要求"亲族匿动，远族避之"，但得到消息的亲族却做出了相反的选择，在没有通知远族的情况下，自己却远走他乡。

协助皇上受理余缙奏疏的是皇后的爷爷索尼，他深明大义，早闻余缙为官清正廉洁，政声斐然，忠君爱民，正直敢言，觉得皇上要抓余缙灭其族不妥，但自己又无能为力。下朝后立即赶往后宫告诉皇后赫舍里，让其立刻禀告孝庄皇太后。皇太后了解余缙为人，顺治帝在位授封丘知县政绩赫然，曾得到顺治帝的赏识。哈提督有罪，证据确凿，奏疏实是为大清社稷。皇太后深明大义，立即找到皇上，请求收回成命，查办哈提督。

余氏家族命悬一线，当时情况万分火急，出现了第二道圣旨发出追赶第一道圣旨的惊险情景，传令兵马不停蹄，风驰电掣，日夜兼程，终于在绍兴与诸暨交界的虎扑岭上，追上了首道圣旨，并收回了皇上第一道指令。皇后和皇太后在千钧一发之际，救了余缙一命，也使余氏家族免于灭族之难。

不久，哈提督受到应有的惩罚。绍兴百姓无不拍手称快，无论是农夫和商人，还是富人和穷人都相互庆祝，生活终于得以安定。他们都纷纷夸奖余缙，是他的敢于直言才使得弹劾成功，为绍兴百姓立了大功。余缙听后，淡淡一笑说："赖皇上圣明，故能一旦罢斥，岂予区区所能及哉！"皇后念御史余缙以忠报国，特赐"柱史第"一匾，予以抚慰。

从此，余缙嫉恶如仇而不畏强权，正直无私，"铁面御史"之名更加闻名于世。

康熙八年（1669），余缙奉命巡查京城。余缙一边履行巡查职责，一边不断地思考面临的社会问题，先后撰写了《属国效顺疏》《请严保举疏》《督抚互纠疏》等高质量的奏疏，均受到了朝廷的重视和答复。其中的《督抚互纠疏》在清朝历史上产生了深远的影响。余缙一针见血地指出：民生之安危视吏治，吏治之贪廉视督抚。数年来，从未有总督参一巡抚、巡抚纠一总督者。互庇如此，欲望其澄清吏治、拯救生民，势必不能。请严立条例、通行饬谕。康熙皇帝非常赞同这一观点，说："大臣廉则督抚有所畏惮，督抚清正则属下官吏操守自洁。"他要求高级官吏应当做一般官吏的表率，在京的朝官应当成为地方官员的榜样。他认为"大法则小廉，源清则流洁，此从来不易之理"。康熙下诏严责督抚，让部院严格追查。结果全国众总督被罢免五人，撤销直鲁豫总督，为康熙巩固自己的政治体系和制度做出了贡献。

余缙的《请撤三藩疏》，上奏请削弱三藩势力，以免势力过大而威胁到清朝政权。后来平西王吴三桂、平南王尚可喜、靖南王耿精忠果然反叛，周围的官员都说余缙有先见之明。其实只是余缙学识深厚而已,他撰写的奏疏总是从实际出发,从国家和人民的整体利益出发,立意深远,防微杜渐,意义非凡。

康熙九年(1670),余缙奉命任长芦巡盐御史。朝廷通常在两淮、两浙、长芦、河东等地各派巡盐御史一人,在御史中按资历派遣。当时余缙资历最深,理应派往两淮,却被有后台的其他御史抢走,他只能去生活艰苦、关系复杂而任务艰巨的长芦。余缙处之泰然,毫不介意,收拾行李第二天便赴任了。

盐乃关乎国计民生的重要物资,历代均由官营。盐务,自古以来都受到历代统治者的重视,宋、元、明、清各代都把盐看成是国赋的重要来源之一。清代则设置了更为细密的管理盐营制度,特别是完善巡盐监察御史制度,最高级的管理为御史,下面则设都转盐运使、各个分司和各场大使。康熙七年(1668)朝廷再次做了改革,派满汉御史各一名,巡查时间为一年。巡盐监察御史由北京移驻天津,辖直隶、山东、河南、江南等处,驻直隶天津府。是年,盐运司和众盐商共捐资买下城内鼓楼东街民宅,改建为衙署。至此,长芦御史、运使各署均移驻于天津。随后,一些分司衙署、经历司衙署、知事衙署,一些场大使衙署、天津掣盐厅、芦纲公所等一批机构也先后涌入津门。各衙署迁至天津后,购置、修建和改建一批规模宏大、设置奢侈的豪华衙署建筑。内部按功能分布,大小院落错落,轩榭楼台碧水环绕，一派奢靡和气派，尽显盐业的豪华和尊严。

监察御史本来就有查纠百司官邪、天子耳目风纪之职责。余缙这个长芦巡盐御史自然就担负着查察盐政、纠举不法的使命。其主要职责是：巡视长芦盐政事务，察照户部所定，运司分司场灶官丁停产，照例统理，该管各府州县额引照旧督销，凡边商、内商、正课、余盐引数目，具属尔征核……至于江海沿途私贩公劫，严行卫所有司缉捕……所属行盐司道，府州县官员有怠玩溺职，贪取侵课，凡干涉盐政应尔完结者，即行完结，应参奏者，具疏参奏。从中可见，巡盐御史是盐区的最高长官，责任重大。

长芦一直以来是重要的盐区，"长芦即沧州也，旧治在长芦东南，明洪武初徙至长芦，设转运司驻其地，故直隶之盐以长芦名"①。作为巡盐御史，位轻而权重，余缙更多的是行使监督责职，了解盐业政策，察访百姓和盐商。

长芦的盐务管理，虽仍沿袭明代的制度，但清初革去了明朝的苛捐杂税，并将长芦盐引剖一为三，即六百五十斤一引改为二百二十五斤一引，年征课银由明末的三十万余两，额定为十九万余两。在这种宽松的盐政体制下，使长芦盐商迅速发展壮大起来。而盐务官吏的腐败现象也日见严重，个别官员视盐务为利益，对盐商敲诈勒索，以饱私囊。余缙以一些细小的线索为入口，对这些官员进行了

---

① 清《长芦盐法志》卷四。

查处，绝不姑息，并奏报朝廷予以惩处，有力地维护了盐官队伍的纯净。同时，上疏朝廷加强盐官管理，从盐运使到各场的盐运大使，分级设官，逐级管理，进一步完备奖罚制度。"失察一次者，降二级；失察二次者，降四级留用；失察三次者革职。"①

当时，长芦盐区私盐盛行，特别是八旗弟子参与其中，州县捕役因害怕皇亲家族而不敢捉获，越发导致私盐兴贩、官盐滞销的状况。余缙明察后上《严禁私盐疏》："私盐之法，虽前已禁过，但藏盐窝主及左右邻舍、该管之人不治其罪，以致私盐盛行。今满洲庄头并放马人役等贩卖私盐并接引到家窝囤者，其主子佐领分得拨什库、小拨什库、屯拨什库并本犯邻佑治以何罪，其兵民兴贩窝囤者、该管官及总甲邻佑人等亦定以何罪，传示八旗下并包衣、牛录、直隶巡抚、总兵官协同臣等严行禁止，庶私贩之路杜绝，官盐之路不壅，商人亦得疏通，州县官盐引年年可以销完，亦不致误升转矣。"在朝廷的支持下，余缙下令予以严厉打击私盐活动。一方面，对运河上的所有船只进行严查，严禁夹带私盐。派遣兵丁长期驻守直隶、山东交界处的桑园镇漕运等重要关口，专管监查运粮回空船有否夹带私盐，一经发现，予以严惩。另一方面，则派遣武装巡役兵丁缉查私盐贩，捉拿在案的，依照律法治罪。对八旗弟子参与贩卖

---

① 清《长芦盐法志》卷九，"禁令"。

私盐的，则严惩不贷，决不姑息养奸；遇负隅顽抗之徒，则斩首。清代的盐法条律，严刑峻法：凡犯私盐者，杖一百，徒三年；若有军器者，加一等，流二千里徒。拒捕者斩。《清代豪强贩私律》规定：凡豪强盐徒，聚众至十人以上，撑驾大船，张挂旗号，擅用兵仗响器，拒敌官兵，若杀人及伤三人以上者，比照强盗已行得财律，皆斩。为首者，仍枭首示众。其虽拒敌，不曾伤人，为首者依律处斩，为从者俱发边卫充军。但是长芦盐区的私盐贩们都不肯放弃他们原来的生意，甚至认为余缙肯定与以前的巡盐御史一样，应付朝廷，敷衍了事。

一次，衙役们在外缉捕私盐贩时遭遇反抗，经过激烈的搏斗，终于抓获了私盐贩首领瓜尔佳氏。他是八旗子弟，多年贩运私盐，不仅积累了很多家产，而且神通广大，因为是皇族，所以目空一切，且后台很硬。余缙立刻下令将其投入牢狱，等候处理。

当天下午，说情的人就已经来了，况且还来头不小，是余缙的前任巡盐御史吴赛。吴赛是满洲人，资历深厚，在朝廷上具有很高的地位。他请求余缙手下留情，放了瓜尔佳氏。按当时官场的规矩，前任官员的请求，后任一般当仁不让地答应下来。余缙想到现在正是整治私盐贩的关键时候，一旦将其释放将无法收拾局面，况且作为一名巡盐御史应该严格遵守盐法条律。余缙说："瓜尔佳氏聚众十余人，虽拒捕，没有伤人，但作为首领应当斩首。"他以律法为准绳,动之以理,晓之以大义,委婉地拒绝了吴赛的请求。

第二天一早,余缙照例很早起来,刚刚打开旅舍的大门,门口便有一个仆人模样的人将手中拎着一袋东西放进门里,然后快速离开。余缙打开一看,原来是一袋金光闪闪的珠宝,价值连城,中间还夹着一张纸条,上面写着入狱私盐贩的姓名。他心里一震:家乡儿孙们需要抚养,确实非常需要钱财;但君子爱财,取之有道,岂能收受贿赂。他立即派衙役将那袋沉甸甸的珠宝退还给了盐贩的家属。

几天后,余缙正在熟睡,半夜里忽然听到急促的敲门声,便打开房门,突然闯进来一名绝色女仆,一下子钻进他的被窝。他一把抓住女仆,准备拖其出门,不料女仆趁机脱光衣服抱住余缙。余缙立刻挣脱,逃至门外。后来,一想不对,万一门口被人看见,那真是有口难辩,便不顾衣裳单薄,快速逃至一楼大厅。当时正值寒冬,结水成冰,余缙冻得全身发抖,只得不停地轻轻走路锻炼取暖。他一人在外生活,孤单寂寞,不一会儿内心渐渐激动起来,几乎按捺不住。于是他用手指蘸着冰冷的水一次次在纸片上写下"余缙不可"四字贴在墙上,强压住内心的骚动。过一会儿,又撕掉,然后再写,再撕掉。如此反复十余次,总算挨到天亮,保住了自身的清白。

第二天一早,余缙按照大清律法判去私盐贩瓜尔佳氏斩首,立刻行刑。连八旗弟子都决不手软,还处以极刑,余缙公正清廉之名在天津广为传播,有力地震慑了其他私盐贩。不久,长芦盐区的私盐越来越少,几乎绝迹。

为繁荣市场,发展盐业经济,余缙认真分析盐商的经营情况,听取他们的意见,上呈《认地行盐疏》:"明认地行盐、代销悬引之例,仰祈敕部详议,画一以便遵行事……今据司详,旧认归并等处,每年引疏课裕,行之已久,是属有利无弊。第前此未经具题,故犹有纷更等语,是专认归并之,诚课商两便、疏引裕国之要务矣。"余缙在请示朝廷后,认地行盐,独创通融代销之法,对各产盐区行销区域做了适当调整,使官盐销售通畅。还多次向户部提出建议,在征得户部同意的情况下,免除了部分盐商的课税。同时,积极鼓励盐商发展壮大,通过革除陋例、通融带运、展限奏销、借币收盐、接济盐商等一系列的措施,殚尽心力为盐商服务,使盐商慢慢复苏。

盐商们感恩戴德,对余缙为其解决实际困难而念念不忘。他们纷纷捐资,在津门修建了很多公建或民建的公益设施。如为皇帝巡幸驻跸而建的柳墅行宫、海河楼、皇船坞等,为查验盐包而建的津坨掣盐厅、护坨堤、拨船等,为方便漕运和居民往来而建的浮桥——西沽浮桥、盐关浮桥、河楼迤西浮桥。由盐官奏请或倡捐修葺,芦商出资或捐地建的学校有天津府学文庙、天津县学文庙、问津书院、三取书院、天津义学、京师义学、内蒙童义学等,建设的庙宇有海光寺、海神庙、宏仁庙、崇禧观、望海寺、恬佑祠、观海台、天后宫等,捐施方面建有育婴堂、义冢、施棺会、救火会等。由长芦盐商组成"芦纲公所"还在天津城鼓楼东运署北面修建了通纲商人公所,商议支引、配运、输课等公务。这些工程与建筑,于利漕、恤商、便民、裕课均有裨益,并为天津城市的发展做出了历史性的贡献。

余缙悉心治盐,打击私盐,惩处腐败,扶持盐商发展,使长芦盐业发展到了一个新的高度。最难能可贵的是,作为一名清代长芦最高盐官,可以说是在银钱堆里坐着一般,但余缙出淤泥而不染,两袖清风,捐俸助学。按照规定,长芦巡盐御史一年可得养廉银两万两,供自己支配。余缙素来俭朴,收到银两后,拿出一万两予以捐助办学,剩余部分对驻扎衙署、营房的兵丁发了部分奖金,只给自己留下很少的银两。他淡泊名利,气节清高,其同年沈绎堂先生集句赠曰:"秀色映今古,峻节贯云霄。"余缙因为勤政廉洁,管理长芦盐区富有成效而被列为天津名宦,载入《天津通志》:"著有善政,商民戴之。"

更为重要的是,余缙写下了著名的《天津盐坨厅碑记》:"津门滨北海,岁运长芦盐七十余万引,旧分边布馈防戍,刍挽艰甚……商之殷懦者任剥蚀如蹊,而诡者乃反藉其结纳鱼肉同类,则盐事之日坏,由纲额不清,而非尽掣验不严之过也。私日腴、公日朘,强者富、弱者贫,有自来矣,富何由藏、国何由足哉?夫吏无欲则清,衡无心乃平,洁己奉公以御不恪,俾虎鼠胥屏迹,庶几不愧清平日哉!"此碑

119

立于盐关上三官庙北,这段天津盐业的记载,为研究当时天津盐业留下了珍贵的史料。

八月,余缙在完成长芦的治理后,根据朝廷指派,到辖区山东巡视盐政,诣泰安,登泰山,祭圣祠,瞻孔林,谒圣墓,宴孔府,游历下。他在轻松的督查中,闲暇的游览中,一路风光一路诗,留下了很多诗篇和游记。

余缙来到山东曲阜,当地官员正在筹备祭孔仪式。祭孔,是华夏民族为了尊崇与怀念至圣先师孔子,而主要在孔庙举行的隆重祀典,两千多年来从未间断过,成为世界祭祀史、人类文化节史上的一个奇迹。

祭孔活动可追溯到公元前 478 年,孔子卒后第二年,鲁哀公将孔子古宅辟为寿堂祭祀孔子,孔子故居成为世界上第一座孔庙。汉高祖刘邦过鲁国时,以"太牢"祭祀孔子,开创了历代帝王祭祀之先河。汉武帝罢黜百家、独尊儒术后,各地纷纷建孔庙,直至县县有孔庙的盛况,孔庙逐渐演变成朝廷祭祀孔子的礼制庙宇。元、明、清三个朝代皇帝为孔子举行国际祭奠的主要场所在北京孔庙。随着历代帝王的褒赠加封,祭奠仪式日臻隆重恢弘,礼器、乐器、乐章、舞谱等也多由皇帝钦定颁行。历代帝王或亲临主祭,或遣官代祭,或便道拜谒。

祭孔大典在古代被称作"国之大典"。自唐玄宗于公元 739 年封孔子为"文宣王"后,祭祀孔子的活动开始升格。宋代后祭祀制度扶摇直上,明代已达到帝王规格。至

清代,祭祀孔子更是隆重盛大,达到了高峰。清康熙六年
(1667),康熙亲制《中和韶乐》,用于祭孔。祭孔有国祭和
家祭两种,也称"公祭"和"私祭"。祭孔日期根据各种不同
的祭祀各有其时。孔子去世后只在每年的秋天由其族人
家祭,至东汉元嘉二年(152年)汉恒帝刘志下诏,令祀孔
子依社稷春秋行礼,始春秋两祀制。其后发展到四时(每
年的春夏秋冬)祭祀等名目繁多的祭祀。明代洪武元年
(1368)又恢复春秋两祭,清代基本沿袭此制,以春秋两祭
为主,秋季为重。自实行公历以来,祭孔大典在阳历九月
二十八日举行,属于"秋祭"。

　　祭孔大典是由乐、歌、舞、礼四部分构成的综合性大型
庙堂祭祀乐舞。祭孔之乐谓之雅乐,源于虞舜时代的《韶
乐》,故史称祭孔之乐为萧韶遗响;祭孔之歌歌颂孔子之丰
功伟绩,抒发缅怀追思之情,演唱"永长";祭孔之舞承袭了
夏禹时代的《大夏》之舞,凡队形变化及舞蹈动作,皆具有
独特文化涵义和象征意义。舞容典雅端庄,古朴大方,犹
如汉雕,故史称有"汉雕之美",祭孔乐舞规模宏大。历代
祭孔之舞用八佾还是六佾,均有帝王钦定。祭孔舞蹈虽无
情节,但非一般的情绪舞蹈,它以"中、和、祇、庸、考、友"六
德标准为舞蹈语言基础;在思想内容方面集中体现了
"德",在形式方面突出体现了"礼",在艺术性上它承袭了
"中和"之乐的美学观点,是中国唯一完整保留下来的雅
乐舞。

祭孔礼仪分为迎神、初献、亚献、终献、撤撰、送神六部分。整个过程,用六佾或八佾的乐舞,演奏金声玉振,古朴悠扬的韶乐,吟唱孔子德侔天地、道贯古今的颂词。迎神,就是请出孔子及四配的牌位,由主祭人进香,行三拜九叩礼,乐奏昭平之意。歌词为称颂孔子生前的功德。初献、亚献、终献是整个祭孔活动中的主体部分,由主祭人和陪祭人分三次把酒类、蔬菜、肉类、干鲜果品等祭品奉祀到孔子像前,分别奏宣平、秩平、叙平之章曲,用六佾舞。撤撰,乐奏懿平之章。送神是祭孔礼仪的最后一部分乐奏德平之章。

九月二十八日,曲阜孔庙祭孔大典就要开始了,这座古老的小城变得格外热闹起来。秋天的早晨清新凉爽,太阳刚刚升起,霞光万道,整个古城都氤氲在这片弥漫着东方神圣气息的辉光里。各级官员、世界各地的朝圣者纷纷怀着崇敬肃穆的心情前来,余缙作为朝廷官员代表参加祭孔仪式,祭拜孔子。大家神情肃穆,祷告虔诚,整个场面庄严典雅,置身于传统文化的氛围之中。

祭孔大典用音乐、舞蹈等集中表现了儒家思想文化,体现了艺术形式与政治内容的高度统一,形象地阐释了孔子学说中"礼"的涵义,表达了"仁者爱人""以礼立人"的思想,具有较强的思想亲和力、精神凝聚力和艺术感染力,对于弘扬优秀传统文化、营造和乐氛围、构建和谐社会、凝聚民族精神具有不可替代的社会作用。

参加完祭孔仪式后，余缙又来到山东禹城视察，作诗《禹城新雨》：

秋暑方愁潦，芜城雨后凉。
地冲牛路滑，骑促馆人忙。
山柿香含露，寒瓜脆入霜。
夜深难得酒，抱膝坐匡床。

余缙来到济南贡院。贡院又称“贡士院”，建于明朝洪武初年。大门朝南，为三开间，正中悬贡士院匾额，门外东西各建辕门一座。门内建“明经取士”“为国求贤”两座牌坊，二门门内又建平列的四座门楼，威严壮观。过门楼为至公堂，至公堂的北面是高大宏伟的明远楼，登楼可俯视全院。他登临明远楼远眺，有感而作《历城登明远楼》：

陟高舒远目，万堞晚烟青。
泉脉穿衢巷，山光入户庭。
荷枯初辨沼，黍熟渐开醽。
日涉能无悔，怀兹水面亭。

余缙游览名闻四方的大明湖，大明湖景色优美秀丽，湖上鸢飞鱼跃，画舫穿行，岸边杨柳荫浓，繁花似锦，游人如织，其间又点缀着各色亭、台、楼、阁，远山近水与晴空融为一色，犹如一幅巨大的彩色画卷。他触景生情而作《坐水亭》：

群鸥应狎尽,空翠滴疏棂。

红蓼藏溪屋,青山佐酒舲。

地凉疑过雨,水满欲浮星。

沙雁徐徐去,凭栏未忍听。

在济南城边有千佛山,东西横列,奇伟深秀,从远处望去,犹如一架巨大锦屏。沿盘道西路登山,途中有一唐槐亭,亭旁古槐一株,相传唐朝名将秦琼曾拴马于此。登上一览亭,凭栏北望,近处大明湖如镜,远处黄河如带,泉城景色一览无遗。千佛山上的石佛雕刻集中在兴国寺后的千佛崖上。峭崖绝壁上,有大大小小的石佛千余龛,大多是魏、齐及唐代时所镌刻,佛像大多眉清目秀,雕刻刀法之精、艺术造诣之高,均是佛像中的精品。

在这个秀色可餐、恬静优雅的地方,在山东巡抚袁懋功、提督杨元凯的召集下,举行了一场千佛岩雅集,余缙应邀参加。当时,达官贵人,圣贤才子,嘉宾云集,喝酒吟诗,赏景听瀑,热闹非凡。余缙作了《袁大中丞招饮千佛岩》:

其一

秋空山翠薄,采菊上高岑。

云暗泉生瀑,溪香石踞林。

渐看齐布泖,环顾众峰阴。

丝竹宁无奏,全兹山水音。

其二

上方龙洞外,小筑傍危岑。

岚气秋凝雨,泉声晚咽林。

攀援萝径曲,欹卧石床阴。

灯火溪桥上,遥闻鸾凤香。

几天后,巡抚袁懋功和提督杨元凯在趵突泉为余缙饯行,突然天下小雨。余缙为表示感谢,作诗"云暗山颜墨,泉声雨后鸣。溯洄游子意,沾洽主人情。陶写由丝竹,离愁寄酒觚。不堪清梦里,频作泺溪行",表达了自己依依不舍、不忍离去的思绪。

余缙作别后,从济南经长清一路往南,在泰安道中遥望泰山,遂作《泰安道中望岱》:

其一

万壑气晴空,群峰淡不曚。

岩峣人世隔,呼吸帝天通。

影类江湖白,光浮溟渤红。

连朝阴雨后,感此咤神工。

其二

遥睹傲来峰,心知即岱宗。

去天唯一握,隔山近千重。

丹嶂云容净,苍岩黛色浓。

双眸收不尽,万朵翠芙蓉。

余缙在游览的过程中,执笔写下了《天津游记》《登岱记》《登阙里记》《历下游记》等著名文章。其中雨中登泰山所作的《登岱记》:"既登天门,俯视一切矣。时狂雨初止,秋雾翳山,乱泉瀑响,奇峰怪壑,俄顷不见,唯遥望徂徕隐约霄际,此外止浓云如墨,淡云如絮,缭绕萦回,大地成一片素毳雪锦。中有一行明练如带者,汶水也。"此游记成为一篇传世名作,载入著名游记中,与之后的清代著名散文家姚鼐的《登泰山记》一起作为有声读物,流传至今。

康熙九年(1670)冬,诸暨知县蔡杓捐献俸禄建造县府,先立仪门、谯楼,在原址上修筑堂署,是诸暨史上一次规模较大的重筑修缮活动。重建厅事堂落成后,家乡父老写函请求余缙记其事。余缙十分关心家乡建设,欣然答应,执笔写下了《重建诸暨县厅事堂碑记》(节选):

> 首建谯楼,晨昏有司,使斯民之得以早作而夜息也;次建仪门,内外有限,使斯民之得以知趋而知避也;次建大堂,承宣有基,使斯民之得以不为诅而为视也。敦厚淳朴之气,坐斯堂而有以开之;衣冠礼乐之风,坐斯堂而有以振之;克威克爱之猷,坐斯堂而有以布之;为保障而不为茧丝之意,坐斯堂而有以播之;政事以举,民气以和,为天子之藩屏,作斯民之父母,坐斯堂而有以任之……

康熙十年(1671),余缙又奉命巡视河南,先后经过定州、邢台、安阳、汤阴等地，一路诗文相随。路过河北正定，闻同年好友杨筠湄①丧偶，作七律《过鲜虞，读壁间韵，有怀杨筠湄同年》唁之：

> 雨霁芜城夕照偏，笼寒弱柳拂轻烟。
>
> 绿畦一片黄埃净，碧嶂千层翠色连。
>
> 四望荒亭堆蘸白，独哀迁客绝冰弦。
>
> 当时谁送杨临贺？匹马春明已十年。

余缙一路巡视，一路畅游，南下到达定州②，探访雪浪石，徘徊其下，想起以前曾读过平生最敬佩的大文豪苏东坡的《雪浪石铭》，见此石如见东坡先生，遂作《定州访坡公雪浪石》：

> 中山一片石，千古素人心。
>
> 波影藏寒碧，涛声出静阴。
>
> 云根应有癖，艮岳独遗寻。
>
> 吾识先生意，悠然似远岑。

余缙一路南下至河南汤阳，访飞来石，作诗记之："吾家虎林有灵鹫，一拳空洞钟岩深。举以名之尔应受，况复品格皆嶙峋。"

几天后，余缙又路过阔别十年的封丘，旧地父老乡亲

①杨筠湄，即杨素蕴，陕西宜君人。顺治九年进士，直隶东明知县，顺治十七年授四川道御史，后为吴三桂所伤，降职归家居十年。
②定州：古称中山，也称博陵郡，河北省中部偏西，有二千六百多年建城史。

127

遮道挽留,"老幼欢拥追随马首者数百里不绝",久久不忍离去,情义之深令人感动流泪。余缙为表示谢意,则作《春日封丘渡河作》:

> 十年重见柳条新,此径居然可问津。
>
> 拍岸涛声惊短棹,傍郊花气人轻茵。
>
> 寒云半护荒祠晚,小雨初开旧国春。
>
> 为谢扶筇诸父老,劳人空尔念遗民。

"时同事者载驰甚速,余不克独留,顾车下老稚依恋情深,潜然垂涕者久之。"余缙因公务在身,未能作短暂停留,与百姓诉说离别思绪。

这次巡视,工作任务不重,当地官员一路作陪。余缙闲情逸致,访山问水,饮酒作诗,触景生情,情感充沛,作品丰盛,又成为诗文创作的一个高峰时期。

转眼到了秋月,余缙结束了巡视回到京城。他在邸中读史写作,回忆过去,反思往事,记录下巡视中发生的故事,作了《刘宋伐秦诸将姓名并记》《历下游记》《共城游记》《山西泽州副伊尔雅公传》等作品。

在京城居住的余缙,还时不时地牵挂着居住在家乡的儿子们的情况,希望他们能早日登上科举之巅。当得知长子余毓澄从众多生员中考选拔贡,保送入京时,余缙内心十分喜悦。思念无处不在,当三子毓瀚将南归秋试,期待着捷报传来,他又作《壬子京邸瀚儿南归秋试,口占以勖,并寄群儿》：

> 桂蕊江声月色新，西风劲翮乍惊人。
>
> 气蒸雾豹三山采，波涌苍鳌五色鳞。
>
> 岂虑穴蚁遭骥足，当看悬虱类车轮。
>
> 摧锋夺蠹等闲事，期汝前茅战捷频。

　　此刻在京的余缙，时常听到身边官员因工作失职而被罚的消息，心中越发不安起来。他在当时的官场之中独树一帜，整顿吏治，革新弊端，也经常遭到同僚的嫉恨和排斥。自己的腿疾时常复发，余缙心中慢慢萌生了退职之意，享受采菊东篱下、儿孙绕膝闲暇生活的意愿越来越强烈了。

十一、葬父致仕归

　　当时,京城上下信奉巫神朱方丹,能作隐语,预知祸福,视作神仙一般。朝廷中很多官员都信以为真,迷信于他,卑躬屈膝,向其询问吉凶,趋之若鹜。不相信他的人反倒变为另类,迷信之风蔓延。唯独余缙屹然不动,毫不相信,依然读书写诗。同行的官员劝他加入信奉的队伍,他断然拒绝,说:"此左道也!妖言惑众,我辈直当特疏纠之,何见为?"后来,朱方丹来到浙江,当地百姓无论贵贱贤愚都倾心向慕,唯恐落后。余缙听说后,感叹道:"邪教之惑人如此,非世道忧乎?"他四处奔波,大声疾呼,要求民众不信迷信,并上疏朝廷予以严惩。不久,巫神朱方丹获刑被斩。众人都佩服余缙学识醇正,有自己的思想,意志坚定,不为异端学识所左右心动。

　　余缙一如既往地在河南道监察御史的岗位上履职着,高风亮节,受人尊重。当听说皇上将在农闲之际举行巡狩大典,斗胆上送了《恭陈四愿疏》:"帝皇巡视,古之常礼。

一愿合围之时,皇上勿亲射猛兽。二愿行在所至,皇上勿轻骑微行。三愿皇上回銮及早,以恤群情。四愿皇上慎择居守,以悦两宫。"婉谏康熙要躬身察己,后人将《四愿疏》比之唐《魏征十思疏》。众人虽然都替余缙担心,恐皇上大怒而遭罪,但非常敬佩他的谋国之忠和至刚大勇。皇上素知余缙的忠诚和耿直,没有怪罪。余缙又侥幸逃过一劫,越发感知官场之险恶。

智者的良言终将得到世人的充分肯定。不久,康熙下令纳办余缙的四愿疏,并御赐他"铁面冰心"予以褒扬。

春日,余缙回忆儿时春天的情景,感叹时光之流逝,作《长安春日口号》:

偶闻伐鼓声,因忆童时乐。

斗胜戏群巧,用是赛爆竹。

宵兴不索餐,解衣炫征逐。

选果唯嗜鲜,驰走矜捷足。

寻游遍原野,喧笑穿林薄。

唯畏父师拘,楮颖私高阁。

屈指望元宵,纵观有灯烛。

蹴鞠并竹马,顽嬉宁畏俗?

距今只几时,韶华不可复。

老大转蠢痴,令人悲碌碌。

家乡的儿子接连来信,提醒余缙:爷爷奶奶去世近十年了,需要早日迁葬入土。于是,他内心越来越牵挂家人,辞官归乡的愿望越来越强烈了。

康熙十二年(1673)春天,康熙下令撤藩。余缉的最后一个奏疏上疏几年后终于被纳用了,他长叹一声:"吾为国尽力矣!"第二天,他以迁葬父母为由向皇上告归,皇上准许。

余缉匆匆赶至家乡诸暨高湖。在他的主持下,将父母的扶衷迁葬于高湖之原,与高曾祖的坟茔东西相望。令人惊奇的是,挖土一尺多深时,地下突然出现了天然的一方一圆的坟茔,似二穴天然墓地,引得四里八方的乡亲都前来围观,大家啧啧称奇。其中很多懂风水的人说,这是非常难得的佳兆,肯定是父母的厚德与余缉的孝道感动上苍所致,后代将人才辈出,家业兴旺。他在痛哭中将父母下葬,入土为安,了却了十年来的一桩心愿。

第二天,余缉因为连日劳累,腿疾发作,一发作便疼痛难受,痛苦不堪。虽吃药治疗,但收效甚微,之后发作越来越频繁。五十七岁的余缉看尽了官场上的瞬息万变、起起落落,早已心如止水。他率真秉直,仗义执言,得罪了不少高官侯爵,时时刻刻处于风口浪尖,一不小心就有被风浪吞噬的危险。他厌倦了官场的尔虞我诈,迎客来往,多么渴望泛舟高湖,享受儿时的钓游之乐。但壮志未酬,报国未竟心不甘。他在焦虑,在纠结,在徘徊……

不久,他正式向皇上展假,辞官归乡获准。至此,须发纯黑,精力甚壮的余缉正式告别仕途。"不在其位,不谋其政"。

余缙彻底走出了官场,不再过问官场之事,开始静养生活,颐养天年,闭门不出,连亲友都难得见到他一面。尤其是他居住在绍兴时,有进士同年曾巡抚浙江,从没有因为私事踏入衙门一步,干预政事,其高风亮节为地方、乡党所推崇。

回到家乡的余缙,光荣地推荐为乡饮大宾。乡饮酒礼始于周代,最初不过是乡人的一种聚会方式,儒家在其中注入了尊贤养老的思想,使一乡之人在宴饮欢聚之时受到教化。秦汉以后,乡饮酒礼长期为历代士大夫所遵用。到了明清时代,该习俗更为隆重,民众把治家有方、内睦宗族、外和乡里、义举社会、有崇高社会威望之人推荐为"乡饮大宾"。县府每年从财政支出十两官银用于举办"乡饮大宾"活动,以弘扬其风节,彰显社会的和谐温惠,其声势浩大,仪式隆重。这种习俗,在当时的社会中起到了敦亲睦族、止恶扬善的作用,人们都把能选上乡饮大宾作为一种巨大荣耀。余缙无论为官时对社会做出的贡献,还是其诗书文章的杰出才华都让他受之无愧,当仁不让。

余缙世代居住在高湖,回到狭窄破旧的老宅后,因为孙子、孙女们不断地出生,后代人数激增,原来狭小的故居已经无法住下。无奈之下,他拿出余俸在绍兴岳父家附近的观仁里购置了一处房屋,与小儿毓湘一起移居至绍兴居住:一来后来的夫人可以照顾岳父母;二来方便自己游山玩水,利于交友。

余缙的绍兴新居位于鉴湖之畔,毗邻香炉峰,依山傍水,景色宜人,登山摇舟两相宜,十分适宜养老生活。绕房有高大的老柳树,朴素无华的气氛颇适于雅士居住。在以书为伴的日子里,他在《蠡城口占》中这样写道:

家在东南第一洲,千岩万壑抱书楼。

清通贺监湖边宅,逸兴王郎雪夜舟。

梅墅桥头花印月,柯亭溪畔竹生秋。

闲来杖屦南塘路,指点炉峰翠欲流。

虽居绍兴,余缙还是每年清明都回高湖展墓,小住一段时间,念念不忘故乡之情。他写下了《乙卯春暮还高湖展墓作》:

半年不到家园住,今到家园似客居。

乱后喜眠松竹径,闲中饶看鸟虫书。

墓田春酒鹃声亟,山馆寒窗夜月虚。

心事讵堪常悒悒,十年前已付樵渔。

五月,绍兴连日大雨,街上因排水不畅,到处都是雨水,淹没了街道,路上行人烂泥没膝,出行受阻。余缙虽已致仕,但还在关心百姓生活,在绍兴作《癸丑夏日郡居苦雨》,道出了内心的担忧:

蠡城五月雨何密,湿云压檐黑如漆。

街头到处水围门,路上行人泥没膝。

舟子艤岸如蛎房,亭午未炊空叹息。

墙摧未已榱生菌，两月何曾脱蓑笠。

上年秋涨淹禾苗，农家比户吞声泣。

幸有大吏请命勤，上邀官家焕铢粒。

卖丝籴谷望今年，谁道夏霆甚畴昔。

一片洪涛浮太清，天风未吹海已立。

䅺麦方熟尽生耳，陂塘总决江湖一。

侵晨插秧水浸阶，薄暮归耕船入室。

盎中粟罄妇儿啼，官吏催粮如火急。

卖男贴妇安足悲，时有龚黄当见恤。

余缙家居的十多年里，做的最主要的一件事就是教育儿子和孙子们，讲授诸子百家，传授科举应试技巧，并以督课诵读为主要任务。每当看到子孙们的作文有佳处时，便欣然为之加餐，激励他们勤奋学习，争取早日科举及第。余缙在《途中偶成训诸子》一诗是这样教育儿子们的：

藏书粗足读，风雨更联绵。

昆季相师友，箴规悉圣贤。

明膏勤续炷，亭午戒鼾眠。

勉强追韩柳，研思踵固迁。

芟芜开径路，艺苑出菑田。

窥豹斑非一，书牛力以全。

树德思垂后，清修大尔前。

幸兹敦古义，慎勿傲时贤。

虚志摹先达,良时砥就迁。

聿观尔父志,怅惋愧青年。

文章如岳渎,孽矻数川渊。

古语说:儿孙若有用,留钱干什么?儿孙若没用,留钱干什么?比起钱,教给孩子好的品德,有用的能力,传承好的家风,才是一个家庭的传家之宝。余缙在给子孙们传授知识的同时,十分注重加强他们的品德教育,教育他们要与人为善,慈悲为怀,不能坏了"人之初,心本善"的本质。以后及第做官,要做一个为国为民的好官,尽忠尽职,不能贪污营私,唯利是图。当儿子毓淳、毓浩先后赴京谒选时,余缙及时告诫:"汝父老矣!汝等幸邀恩授官,当务勤慎称职,为国为民,毋营私,毋任意,以贻老人忧也。"

余缙闲暇时则认真阅读百家史书,谈经论史,纵观经世之学。如赌博、养妾等一切娱乐、玩好和名利,均不沾染。余缙生性喜欢俭朴,对饮食没有任何讲究,粗茶淡饭即可。衣着打扮很是简朴,一件衣服常常穿很多年,破了打个补丁继续穿。他还常常告诫子孙们:"唯俭可以成廉。与其妄费而妄取,何如不费亦不取耶?"教育他们不要向自然无尽地索取,衣食起居,无一不与穷人家的孩子一样,不能沾染富贵习气。还教育他们要学会精打细算,勤俭节约,不铺张浪费,更不能贪慕钱财,要廉洁自律。

一次,二儿子毓泳去杭州学习,回来的时候突然穿上了鲜丽的长袍。余缙看后,二话不说,立刻命其脱下长袍,跪在堂前反思直到深夜。第二天,余缙才问清了原因:原来鲜丽的长袍系毓泳的富豪同窗所赠送。起初,毓泳执意不肯收下,但还是经不住好友的一番好意,最后还是收下了。想不到还是辜负了父亲的一片苦心,违反了他立下的勤俭家规。最后,毓泳将新长袍脱下后寄回同窗,余缙才肯罢休。可见余缙对儿孙们的教育之严厉。

日复一日,年复一年,寒来暑往,在余缙的辛苦教育下,儿侄们先后登第。长子余毓澄于康熙十四年(1675)秋登贤书喜中举人,康熙二十一年(1682)赴京赶考,成为贡士,因病未能参与殿试;回乡省亲,后于康熙二十七年(1688)补殿试,中戊辰科二甲三十九名进士。视如己出的侄子余一燿则于康熙二十一年(1682)中壬戌科三甲九十七名进士,授内阁中书,例授征仕郎。余家一门出了四位进士,一下子成为闻名国内的进士家族。

余缙终于露出欣慰的笑容,还是不歇下忙碌的脚步,教授儿孙们天文地理、经书史籍、诸子百家等知识。他的六个儿子,个个先后都读书出仕,为国效力。长子毓澄为康熙戊辰科进士,任湖广龙阳知县,敕授文林郎;二子毓泳为太学生,考授州同知;三子毓瀚为康熙己丑科恩贡生,候选儒学教谕;四子毓淳任直隶河间府通判,例授承德郎;五子毓浩由贡生任江西广信府玉山县知县,敕授文林郎,后授湖广荆州府同知等职;六子毓湘由邑庠生入太学,考授州同知。余家真是满门俊杰,名扬四海。

余缙就这样,拥抱着风霜雨雪,沐浴着阳光雨露,感受着山水田园、鸡犬相闻、鸟语花香的气息,过着单纯简朴、随遇而安的日子。

清代,地方的书院和县学、府学采取不同形式资助寒门学子,宗族组织往往也设立专门基金资助本族寒门学子。后来,普遍兴起专门资助士子考试的宾兴会,资助范围包括岁科小试、诸贡朝考、乡会试等。除此之外,很多村庄本着激励和支持本村、本族子弟读书的目的,也通过捐款、捐田的方式,设立"宾兴田""宾兴坡""宾兴山"等,将它们出租,租金用于资助寒门学子。

余缙知道,虽然凭一己之力将儿子们一个个培养成才,但余氏后代的学习之路还很漫长,需要建立一套助学激励机制,特别是要帮助寒门学子求学,才能使余氏子弟耕读传家之风源远流长。他决定筹集资金,在高湖村新建祠堂、置祭田、设义仓、立义学、撰家训。当时,虽许民间建祠,却有着规格的限制。一般宗族,规模达到千户以上,可以三开间建祠;三品以上官员,也限定于五开间。所以宗祠的建立,必须有领军人物的带头支持。而高湖村远远不足千户,余缙理所当然成了领军人物。

余缙心里一直存有遗憾,弹劾哈提督事件时,得到消息的亲族做出了相反的选择。尽管灭族悲剧没有发生,事后替远族置酒赔礼作为弥补,但余缙总觉心存歉意,只有带头建宗祠才能使族人消除隔阂,和好如初,故名为"宏恕堂"。他率先捐出全部余俸,并回到老家高湖居住,负责资金的筹集和祠堂设计、总体协调等工作,让侄子一燿、儿子毓泳及毓瀚负责具体的施工。他们筚路蓝缕,栉风沐雨,凝聚人心,号召大家有钱出钱、无钱出力,以众人拾柴的姿态通力协作,着力推进宗祠的建设工作。当时全村十六岁以上的男性族人都参与了宗祠的工程建设。

康熙十九年(1680),历时三年,余氏宗祠终于建成。祠堂占地数亩,坐北朝南,厅柱合抱,雕梁拱斗,屋顶为薄砖封盖,下为木质梁柱结构,后厅石柱高十余米,

余氏宗祠宏恕堂

为世罕见。屋檐雕刻精美,有腊梅、牡丹等花卉,喜鹊、白鹤等良禽,雄狮、猛虎等走兽,惟妙惟肖,栩栩如生。祠堂建有三进,第一进为门厅,大门锃黑闪亮,壮严肃穆,上挂"余氏宗祠"匾额,前厅正门设有屏风,左右为附房。前厅外道地开阔,建有高二米、面积三平方米的旗台,旗杆高十余米。每当家族庆典时,彩旗招展,旌旗猎猎,煞是威风。第二进是中厅,正中悬"庸肃堂"匾额,为高湖余氏家族的雅号,厅内悬挂"铁面冰心""柱史第""风高五柳""有勇知

方""文魁""贡士"等匾,两侧是厢房,储物之用。第三进是后进,为春秋享堂之所,安放着余代先祖列代列宗之灵位。

巍巍遗风从此壮观如虹,余氏家庭荣耀从此开启。宗祠的建成是余氏家族的一件载入史册的大事,对族人的亲睦和谐,促进宗族的兴旺将起到重要的作用。余缙激情而作《本族肇建宗祠碑文》:"吾族源溯龙川,自宋季始祖迁于暨阳,迄缙等已一十七世,中间盛衰倚伏无能悉数。大抵风气淳朴,士愿农愚,无奢靡骄纵之习,故寒俭有以相安……"详细记录了余氏的来历和宗祠的建设过程。余缙还邀请当时以篆书闻名于世的大书法家王良常书写碑文。

余缙根据儒家传统礼仪,制订了《本祠元旦拜节仪制》:"尊祖敬宗,生人之首务;敦伦睦族,风教之本原。况宗祠乃报本追远之地,而元旦为肇修敬授之始。凡为子孙者,礼宜于除夕之日,豫行斋戒,整洁衣冠,至期鸡鸣,漱盥趋祠。值年者先期洒扫铺设。黎明鸣鼓三通,子孙毕集,分长幼序立,不许行走参差。老成冠裳者进内拜,余俱在阶前及甬道、厅内拜。礼毕,照辈数向最尊者拜揖,自长而幼,渐次相及,不得紊乱挨挤。值年者设凳椅,序坐用茶毕,年长分尊者先出,余循序徐出。值年者立中门内点人分饼,务须均遍,勿令小辈偷窃短少。至次日内人拜谒,尤宜庄肃,除行礼、分饼照男子一体外,如有名分不正、来历不清者,一概不许入内行礼以致亵渎祖宗。违者,本家主罚银十两,充修祠公用。以上节仪,宜各凛遵,毋致违戾,以光祀典,须至示者。"

更为重要的是,余缙制订了余氏《学产规则》:一童生县府院试给考费一千文;一童生领府县批首各给钱一千文;一童生入泮给钱六千文,批首加钱一千文;一贡监生员岁科试给考费八百文,招复给钱二百文;一生员补廪给钱三千文,补增给钱五百文;一贡监生员以事不应科试而考遗才者给考费一千二百文,如正科不取另考遗才者亦量给考费八百文……这个助学制度的建立,对余氏文脉源远流长,人才辈出起了关键的作用。另外,他还分置田亩,兴办义学,专门资助宗族中贫穷的人读书。

为教育余氏后代,余缙还写下了《余氏家训》:"天下至乐莫如读书,至要莫如教子。读书,起家之本;勤俭,治家之本;和睦,齐家之本;循理,保家之本。和睦勤俭家必隆,乖戾骄奢家必败。此理如操券,不可不省悟也……"家训以"学、俭、忠、孝、德"为核心,涵盖励志勉学、治家教子、修身处事、行孝婚恋等内容,是余家人安家、持家、兴家、传家、守家的基本要求和行为准则,更是血脉同源的精神纽带和价值坐标。这卷传家宝把读书放到了至高无上的地位,要求后人在家修身养德,做官为政以德,洁身自好,爱民如子,事君以忠,事亲以孝。每个余家子孙必须接受家训教育,不仅要会背,还要在生活中执行落实。

余缙为后人留下了宝贵的精神财富,宛若一泓清泉滋润着家族的繁衍发展,生生不息,影响了一代又一代余氏后人，保持了家族的持续昌盛直至今天。树立好的家教与门风，就是一个家庭最丰厚的财富，子孙后代取之不尽、用之不竭。纵观古今中外，家教与门风，给予孩子的影响是不可估量的。因为家训的影响，使余氏家族在很长一段时间里，一直保持着书香门第、名门望族的地位。在先贤的引领下，余氏后辈耕读传家、尊师重教、好学上进之风浓浓吹拂，一个个从"进士第"奔向全国各地，创造了一个诸暨耕读传家文化的奇迹。余缙其孙余懋棅中雍正庚戌科（1730）进士，其曾孙余文仪、余斌中乾隆丁巳科（1737）进士，其六世孙余坤中道光己丑科（1829）进士。据《绍兴市志》记载，清朝整个诸暨市共有四十八位进士，而余氏就占了七席，高湖余氏成为远近闻名的进士家族。此外，余氏还走出了十名举人，授知府五人，知县十三人，足见余氏文脉之盛。余氏家族的辉煌，成为了诸暨人"耕读传家、重教兴学"最突出的典型。

在余缙的教育下，小儿子毓湘从小孝敬父母，勤奋好学。毓湘九岁时，母亲去世，当时执行丧祭礼制时，他像成人一样，日夜陪伴，痛哭流涕，悲伤不已，哭晕了数次。后来，当余缙辞官迁居绍兴后，年老体弱，腿疾时常发作，毓湘便亲自烧火煎药，亲尝汤药，照顾父亲生活起居，陪伴父亲游山玩水，一直服侍在父亲身边。父亲去世时，毓湘居丧尽礼，因悲伤过度，差点儿危及自己的性命，当时只有三十八岁的他竟然一夜之间须发尽白。

毓湘不尽对父母尽孝,对兄弟也极为"悌"。他的长兄余毓澄当时住在诸暨枫桥,生病后卧床不起。他得知后,不顾来回一百多里的山路,天天前往枫桥,亲自为长兄采药、煎药,调养治疗,三年如一日从不间断。在他的精心照顾下,兄长毓澄身体终于康复,并高中进士。毓湘孝敬父母、敬重兄弟的事迹传遍了整个诸暨,被大家一致公认为诸暨孝子。

康熙十三年(1674)正月初十,这天刚好是余缙五十八岁生日,他尽享天伦之乐,携三子月夜乘船游园,撰《甲寅春王月十日余初度,适久雪新霁,同祝子礼、刘尔调群从东觐,偕澄、浩、湘三儿泛舟禹穴,还探天镜园作》:

> 泛宅徐牵亦偶然,狂呼浮白白浮天。
>
> 乱峰摇碧寒潭外,一苇凌空落照前。
>
> 彦国老来犹蜡屐,道林能醉赖群贤。
>
> 野航共载回帆小,墅水溶溶月满船。

春天,余缙从绍兴返回诸暨高湖居住,途中见到熟悉的景致,到家后孙辈绕膝诵书的情景,思绪万千,遂作《甲寅春日自蠡城返暨道中口占》:

> 轻舠出郭门,山翠如追袭。
>
> 寒塘畦麦香,衣裾染深碧。
>
> 小径通墅桥,绕篱蔬可摘。
>
> 白云峰椒生,巉岏隐怪石。
>
> 杖屦四五辈,偶行或伫立。

似指舟中人，乘兹何所适。

到岸不数武，溪流忽静逸。

篮舆岩壑间，万象清且密。

草色有余闲，禽声互喧寂。

涧濑杂松涛，戛戛谷中出。

小憩芜亭间，兰葩暗相逼。

出没带深篁，樵风渐已失。

一溪千百回，每回澄潭集。

竹气黝以青，溪流潀且急。

云根忽怒生，齿齿峙山骨。

坐看犹不足，奈此车驱疾。

行行鸟道纡，峻岭复堪陟。

俯瞰松筠平，仰视云霞即。

逍遥散步侣，暂舒尔喘息。

亭午下山岬，奇峰转業发。

弥望十里间，香雪犹飘积。

寒条存素华，阳柯落残质。

物理良不同，悠然怀所惕。

纵目逮枫溪，群麌类城邑。

清流贯其中，溶溶万山液。

停车孔道周，摩肩碍拱揖。

稠浊亟去诸，遂穷舁夫力。

一水夹危岚，其梁名曰栎。

激湍如轰雷,行人如辟易。

南眺白茅冈,是为山家脊。

日暮行转远,薄怒骞油壁。

到舍眼倍青,披林湖更觌。

诸孙绕道迎,欢呼候门入。

着膝诵塾书,把袖出枣栗。

吾衰聊示勤,夜阑未栖息。

生平好游览,胜趣只自把。

每欲赋登高,而忘携不律。

兹行百里间,佳境胥历历。

往来虽已频,应接每靡及。

或者山水情,慰我幽寻癖。

援笔记所思,聊以当篇什。

当时高湖村南面的琅山村建有天香梵院,与高湖北侧的高湖村南北隔湖相望。寺院系余缙之子毓淳所建造,院中有和尚住持,精通禅理,擅长诗文,与余氏几代人为文字交。余缙常常到寺院栖息,与住持交换诗文,探讨佛学。他每天听到晨钟而起,便写诗《晓起晨钟》:

偶出闻晨钟,云自湖南寺。

南望不见湖,惟见湖中树。

渺渺水石间,因风时一度。

何当明月中,泛舟寻湖屿。

余缙在老家居住半年,感触颇多,并作诗《甲寅五月里居感怀》:

> 六诏由来喜弄兵,夜郎何事效昆明?
>
> 已占梧桂歼封豕,伫见瓯闽戮海鲸。
>
> 缥缈洞庭千岫人,崔巍剑阁五丁平。
>
> 王师不战怀三锡,饮至何时钲鼓鸣。

康熙十三年(1674)七月,太阳把地面烤得滚烫,瓦蓝瓦蓝的天空中没有一丝云彩,屋外一阵阵热浪扑面而来,知了在树上发出哀怨般的叫声。突然,警报传来,一群全副武装的盗贼蜂拥围攻绍兴城,而城内守兵非常之少,情况万分危急。一旦城被攻陷,城内百姓将遭灭顶之灾,人员和财产伤亡不可估量,甚至面临屠城灾难。

在这千钧一发之际,余缙毅然挺身而出,积极动员百姓加入守城的队伍中,号召大家挺身而出,保卫家园,形成全民皆兵的氛围。他还散尽家财,在城内四处宣传动员,招募勇士,一下子招到了近一百名勇士组织敢死队守城。在他的一再努力下,守城队伍迅速壮大起来,也给全体守城官兵鼓足了勇气。绍兴知府许宏勋与全体守城官兵同仇敌忾,日夜巡逻坚守,齐心协力,致使盗贼知难而不敢进犯。几天后,官府派出的大量援兵到达绍兴,盗贼则四处逃窜,终被斩获殆尽。当时,援兵的将领一定要带兵进入村落,搜索逃脱的盗贼,特别强调要去诸暨的枫桥等地追盗。而枫桥系余缙的家乡,美丽富饶,有很多望族。村里混居着很多闲杂人员,非常容易被认为盗贼。加上当时援兵队伍素质良莠不齐,一旦搜村,定会伤及无辜百姓。余缙知道这一情况后,立刻赶到军营,面对将领晓之以理、动之以情,陈述利害关系,并愿意以自家百余口性命担保,劝说将领放弃搜村计划。将领终于被余缙说服,遂命令停止入村搜索。余缙为家乡免遭军队骚扰又立一功。

援兵既至,当时政府需要提供军饷,而国库空无一文,知府许宏勋十分忧虑,不知所措。余缙闻之后,首捐三百金,后又积极动员豪绅纷纷捐款,马上解决了援兵的给养问题。

这次甲申之乱的平定,使绍兴全城百姓免遭生灵涂炭,余缙保一方平安,立下了汗马功劳。绍兴知府许宏勋非常感动,上奏浙江总督予以嘉奖。总督李之芳赞有"当此危急,具见忠义"等语。余缙还根据这次平定甲申之乱撰写了《续保越录》一书,并自序:《保越录者》,纪唐宋以来节度、观察、刺史为越民御寇靖疆之实迹也。《续保越录》者,纪前中宪大夫、知绍兴府事,今浙江提刑按察使司副使、分巡宁绍道三韩许公,甲寅年捍孤城、歼群逆、讨平诸山越之实迹也……

为纪念这次平定暴乱中牺牲的人士,绍兴府奉祠纪念,余缙有感而作歌记之:

轩辕战北泰华裂,蚩尤横啮女娲缺。

麟凤刀俎九庙灰，虎狼啸舔衣冠血。

先生怒震五岳昏，叫号直彻天帝阍。

鼎湖龙坠阊阖扃，鸱夷千载浮冰魂。

剖心碎首安足计，臣气直与天为厉。

生来杀贼死莫悲，请举春秋明大义。

身骑箕尾归去来，玉方折兮兰复摧。

鹤胎琴薪谁见恤，可怜世事推舆儓。

区区俎豆百世烈，尚有市儿睨且窃。

黄金白镪豕目眦，四维断兮三纲绝。

登堂浩叹涕欲雪，长歌未终乐已阕。

临筵乌乌谁击节？呜呼噫嘻！

昆仑圻，沧溟竭，先生之祠乃可撤。

　　余缙见到家族亲友生活贫困的，一定量力资助，居家期间还非常热衷于公益事业，造福家乡百姓。他散家财协助绍兴知府许宏勋守越城平定甲寅寇乱，与绍兴人及好友姜希辙①协助闽督姚启圣②修建三江闸，在绍兴的历史上

---

　　① 姜希辙：字二滨，号定庵，浙江余姚人，理学家，明崇祯间举人，顺治九年温州教授迁直隶元城知县。康熙九年（1670）复授户科给事中，多上疏指陈时弊。迁顺天府丞。后八年，授奉天府丞，乞养母归。卒于康熙三十七年（1698）。与余缙同传于《清史稿》列传卷六十九，两人颇多诗歌唱和。与黄宗羲同学于刘宗周，合编《刘子全书》。

　　② 姚启圣（1624—1683）：字熙止，号忧庵，浙江绍兴人。清康熙年间政治家、军事家，收复台湾的决定性人物之一。姚启圣为政带兵执法严明，曾随康亲王爱新觉罗·杰书平定耿精忠叛乱，在收复台湾战役中功勋卓著，历任福建总督、兵部尚书、太子太保等职。

留下了深深的烙印。

在浙江省绍兴北三十五里钱塘江、曹娥江、钱清江三江汇合处,有一座桥闸结合的明代建筑——三江闸。建造以来,三江闸既起到了涝排旱蓄、抵御潮汐的作用,又使钱清江从此纳入了山会平原河湖系统之中,成为一条内河。钱清江以北萧山平原诸内河也纳入此系统之中,形成了河湖密布、土地平整、灌溉方便的三江水系。山阴、会稽、萧山三县水利面貌得到改变,土地尽成膏腴。《康熙会稽县志》称:"自建三江闸,而山会萧三邑无旱之忧,殆百年矣。"三江闸是中国水利史上继夏之大禹治水、秦之李冰治都江堰等水利工程之后的又一个伟大的治水工程,代表了我国传统水利工程建筑科技和管理的最高水平,领先世界其他国家三百多年。

绍兴三江闸系明代嘉靖十六年(1537)绍兴知府汤绍恩主持修建,全闸长约一百零三米,分二十八孔,孔净宽约六十三米,泄水流域达二千五百

三江闸

二十平方千米,闸洞二十八孔用二十八星宿的名称来编号,所以也叫"应宿闸"。闸址在岩基峡口处,闸墩和闸墙用大条石砌筑,墩侧凿有装闸板的前后二道闸槽,闸底有

石槛,闸上为石桥。闸两旁修堤四百丈和海塘衔接。

三江闸的启闭依据水则(古代水尺)。水则有两个,一个设在闸址,一个设在绍兴城里,后者有校核水位的作用。水则分金、木、水、火、土五划。水至金字脚,全闸开启;水至木字脚,开十六孔;至水字脚开八孔;至火字头,全闸关闭。闸门由三江巡检代管。"启闭唯看水则牌",平时按水则督促闸夫开闸闭闸。该闸平均泄量为二百八十立方米每秒,可使萧、绍两县三日降雨一百一十毫米不成灾。

三江闸建成后,经过几次大修,主要有明万历十一年(1583)户部侍郎肖良干的大修,一直平安运行中。直至清康熙二十一年(1682),三江闸因淤泥堵塞,闸门损坏等,已影响日常运行,急需花巨资维修。而绍兴府国库空虚,则一拖再拖。

余缙得知消息后,立刻捐出家产予以支持。还劝说好友姜希辙和十分关心家乡建设的福建总督姚启圣倾其所有,捐款维修。三人多方呼吁,号召家乡父老、绅士乡贤都来关心支持三江闸的维修建设。不久,资金全部捐助到位,维修工程即刻动工。

历时四年,康熙二十五年(1686)三月,三江闸终于修建完毕。完工之际,姜希辙撰写《三江闸胡公添造闸板及补给闸夫工食碑记》,记录了筹资、修闸、管闸等的历史,由徐泰来正书,余缙书写篆额。三江闸其后经过了多次整修,造福当地百姓,发挥效益近四百余年,至今仍保存完好。

余缙在归隐乡里的二十多年里,探亲访友,游山玩水,赋诗作文,怡养身心。他一会儿化身农者,躬耕高湖,采菊东篱;一会儿化身旅者,跋山涉水,赏景悦目;一会儿又化作书者,静默阅读,畅写诗赋,日子过得非常舒心坦然。

余缙遍访朋友,畅叙友情,议论时事,非常快乐闲适。康熙十二年(1673)秋,他路经诸暨枫溪,听说骆念庵①先生病重,便前往探望。念庵先生摄衣起坐,与他纵论时事很久,依依不舍。康熙二十三年(1684)夏天,余缙接到骆念庵之孙的行状,才得知念庵先生已于几年前病故,悲痛不已,便作《骆念庵先生墓志铭》(节选):

> 枫溪之阳,钟山之麓。骆为著姓,谁冠其族?公生而刚,弗谐流俗。鸿文陆离,困彼眯目。晚而始遇,奚展骥足?三试岩疆,所至霖霂。拂袖来归,萧然林屋。石马之阡,佳哉兆域。片石千载,瞻兹芳躅。

这是余缙撰写的唯一一份留存的墓志铭,可见他与骆念庵之间的朋友之谊情深似海。遥想当时以余缙的文才仕名,求他撰写墓志铭的人定是门庭若市,他一再推辞。

余缙对于诸暨其他宗谱传说有求时,则信然应之。其中因徐氏邀请,撰写了《康熙己未暨阳徐氏续修宗谱序》,

---

① 骆念庵:骆起明,字子旭,号念庵,诸暨枫桥人。顺治三年(1646)举人,官庆元教谕,直隶鸡泽令,贵定令,改永春令致仕。著有《逍遥吟》《雪中吟》等。

还为《暨阳墨城寿氏宗谱》《暨阳花园张氏宗谱》等宗谱立传，其中在《蕙渚翁氏宗谱》中作《亦载公传》：

亦载公讳德厚，字宏孚，龙泉公孙，怡泉公仲子也。聪明颖异，未冠入庠，持身端严，言行不苟，当从前癸未进士讳继鲔，字君实史君受学，史君甚器重之，谓异日立朝丰采当可励官。方又尝与同志贤士为文学交，切磋琢磨，即晦冥弦诵不辍。未几，明鼎告迁，怡泉公辞世，公悲痛不自胜，又兼昆季皆丧，旁无所助，毅然以读书之暇兼理家事。事母孙太君性至孝，温清定省，夙夜匪懈，太君享年八十有六，敬养弥加。视舅氏家不啻一体，尝曰："吾见舅氏之子孙如见吾母焉。"长兄死，其嫂陈氏孀，又无子，为筑静室于陈村，相隔里许，事养终身，俾嫂氏得全志守节，终其天年以慰兄之灵。晚年建香王草堂书屋数楹，惓惓以教子孙读书为愿，立贤产并科场田亩，以为子孙膏火考试之费。生平最恶溺女，曰："男女同禀天地之气，何分厚薄，独于女而溺之。"置田亩以育婴女，故公之子孙至今不溺一女焉。乡里中贫困者公周之，疾病者济之，不责偿焉。呜呼，公之盛德可谓巨且远矣！享年七十有三，德配陶姚姚济寰公女，仁爱勤俭，以相夫子，崇长先业，克嗣徽音焉。副山阴后梅陈后泉公女，任中馈，主祭祀，燕宾客，抚童仆，不丰不啬，亦无愧内助，先公十年卒。生二子,长国,邑庠生,次庶,业儒。女一,适浮桥下拔贡生石绍年。予与公童子试同受知于督学洪公,公之逝,国请余为之传,余不获辞,谨志之。

时康熙二十八年岁次己巳端阳月望日

年家眷弟余缙撰

诗词创作艺术质量的高低,主要由作者的胸襟、抱负、器识、品性、才情、学养、功力及所选题材等因素所决定。余缙所作的文章,无论是奏诗赋词,还是书启序记、碑文、祭文、行状、墓志铭、传略、像赞、杂说、对联等众多体裁,内涵丰富,逻辑缜密,文笔老辣,引经据典,精彩绝纶,读了欲罢不能,令人拍案叫绝。

他写的诗歌,写景抒情,思乡怀人,往往一事一题以律绝等多种体式咏出。诗词音律自然,感情充沛,文风行云流水,写法上注重白描,精于铸炼,清新雅致,意境深远。如《踟河新日》:“焚篆清幽禁,闲吟倦秋水。黄缙籍新月,摇漾沧波里。”《五泄》:“奇峰四面插青天,十二瑶京望俨然。大似玉妃梳洗罢,素帘垂在镜台前。”《春日》:“白苎青萝绿水村,琅纤摇见翠霞翻。小窗夜静无人语,犬卧花荫月满门。”这些诗里有神韵,有气势,有内涵。他赏山欣水,或写雾漫景色,或写登山涉水的印象,或写云峰,而文相倚、水竹交映的图画,表达诗人丰富感情和明朗山水形象,色彩鲜美。

晚年,他对自己的诗文创作做了经验总结,在七律《偶书》中写道:

作诗容易改诗难,莫把推敲容易看。

先有别肠驱俗韵,后开幽兴出新澜。

吟髯自喜寻驴背,食肉何须嗜马肝。

伏腊金根随意扫,可愁笑齿不胜寒。

余缙认为,诗文创作,作成初稿比较容易,而改诗炼字,再次推敲则非常不容易。作为诗歌创作者,首先应该有大气的胸襟和格局。《庄子》里有一句叫"古往今来曰宇,四面八方曰宙"。有大格局的人往往看待事物比普通人要全面,登高望远,一览无余。写出来的诗歌才能自然大气、厚重深邃,才能匹配创作者的神圣职责。其次要注重情趣和情感的陶冶,探幽索境于山水之间,寻花问物于自然之中,乐观幽默,高尚风雅。最后写作要以情感人,以理服人,以智启人。要以思想的睿智见长,把博大的知识海洋融会贯通,浓缩成涓涓清泉和深不可测的一潭清水。余缙自幼开展了广泛的史文阅读,对一些历史事件、人物典故等了如指掌,能信手拈来化作诗中的神奇。因此,日常的史文积累,大量的阅读是写好文章的基础,亦是关键。

随着年龄的增长,余缙的身体状况越来越糟,腿疾发作越来越频繁,或许是椎间盘突出压迫神经的难治疾病,虽不间断地进行中药治疗,但收效甚微。

康熙二十八年(1690)一月一日,他的病况开始恶化,夜里持续发高烧。他坚持着把六个儿子叫到床前,告诉他们要与妻子合葬在家乡高湖。第二天,他似乎有点儿起色,叫小儿子扶他由床上坐起,扶着走了几步,但还是不能久坐。

一月六日上午十时,享年七十三岁的余缙因病在绍兴观仁里第溘然长逝,一代名臣、诗人、作家、书法家永远地闭上了双眼。次年十二月初四日,他的儿子们将其魂归故里,与其妻子合葬于诸暨高湖东阮山。

清代著名思想家黄宗羲为余缙作墓志铭,铭曰:

> 公之出吏,当彼危疆。袁此黎民,以熟包荒。人庶流迸,家户且亡。公能除之,惠此一方。数省毕康。公入台中,振夫纪纲。厝火积薪,尾大末强。路人皆知,不敢声扬。公独奋笔,出匣干将。焦头烂额,公言始彰。谁来毒鼓,憔悴乡邦。万人所指,无病不僵。简落狐狸,赖公弹章。途歌巷舞,没世不忘。妖人谶纬,首鼠阴阳。布雾十里,朝士趋跄。公独曰否,抉其帷墙。膏肓泉石,未尽其长。诜诜后人,嗣其耿光。

钦召史馆纂修明史年家眷弟姚江黄宗羲顿首撰

后来,余缙以五子毓浩而诰赠为奉政大夫,以曾孙文仪而赠荣禄大夫、刑部尚书等荣誉称号。他才华横溢,清正廉洁,爱民如子,事迹被录入《清史稿》,真正做到名垂史册,万古不朽。

余缙生平著述很多,往往兴致灵感来了,随笔而成。儿子们尚没有强烈的收藏意识,不加珍惜,因此手稿多有遗失。直到康熙二十八年(1690),儿子们才开始搜集他的作品,遂将他所存文稿编辑、整理,结集名为《大观堂文集》,并邀请当时的浙江巡抚张泰交,杭州府同知陈悦旦,清代名臣、文学家、教育家、水利工程专家许汝霖分别作序,于康熙三十八年(1699)出版。

《大观堂文集》包含奏疏三卷,诗(五古、七古、五律、七律、五排、五绝、七绝)七卷,赋、词一卷,书一卷,启三卷,序二卷,记二卷,碑文、祭文、行状、墓志铭、传略、像赞一卷,杂说、对联二卷,存目于《四库全书》。书中提供了很多翔实的史实资料,对研究清代历史及地方文化有着很大的参考价值,其中很多诗文被《康熙诸暨县志》《乾隆诸暨县志》《光绪诸暨县志》所引用考证。

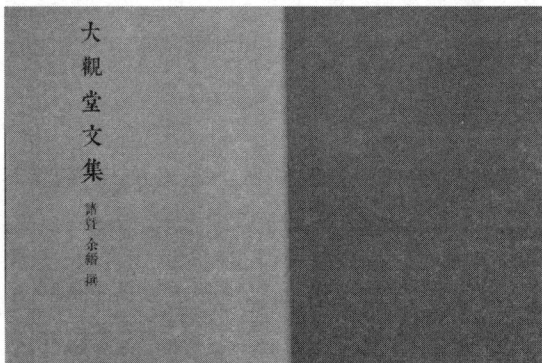

大观堂文集

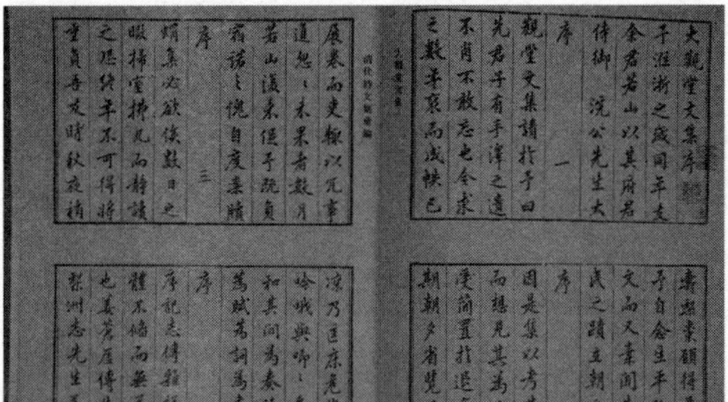

时任浙江巡抚张泰交《大观堂文集》序

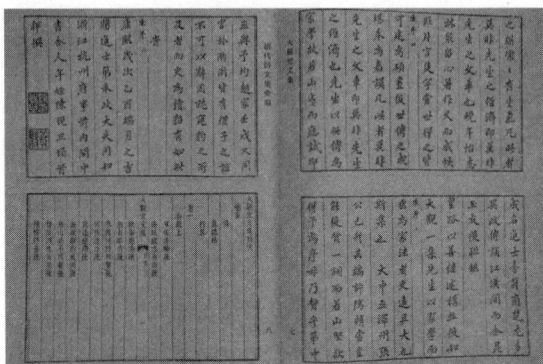

时任浙江杭州府同知陈悦旦《大观堂文集》序

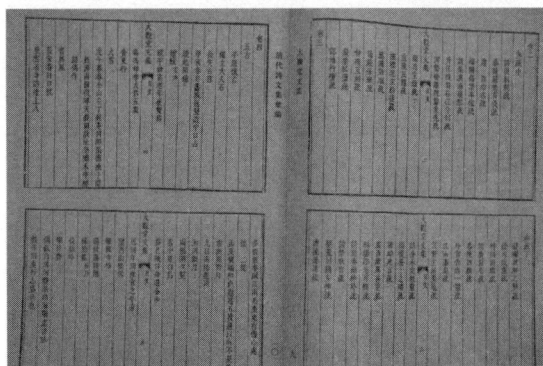

《大观堂文集》康熙三十八年刻本书影

余缙主要年谱

明万历四十五年(1617)二月十五日早上五时,出生于浙江省诸暨市浣东街道高湖村,字仲绅,号浣公。

父元文,字象元,号仰泉,出生月日时与子同,为当地名儒。是年,父三十三岁,母赵氏三十四岁。兄六岁,余纶,字伯绶,号岸修。

明天启二年(1622)六岁,进入私塾读书。

明天启六年(1626)十岁,里人竞传魏忠贤乱政并禁毁东林书院之事,戏为弹章以劾逆阉,从小有志,受师生赞叹。

明崇祯元年(1628)十二岁,从学玉泉寺。

明崇祯三年(1630)十四岁,迁馆江浒庵求学。

明崇祯四年(1631)十五岁,偕兄余纶读书于舍南草庐,至武林,游西子湖而乐。

余缙传

　　明崇祯六年(1633)十七岁,通过县试、府试和学政的三级考试,补博士弟子员,为诸生(秀才),童子试受知于督学洪公、诸暨县令张撇藩先生,通过省学政巡回的科考,拔得头等。

　　明崇祯七年(1634)十八岁,读书渔橹山吉祥寺,师从邑名士王昇初先生,与其孙子倩茂才同舍读书。

　　明崇祯八年(1635)十九岁,作为诸生求学县学,受知于时任诸暨县令路迈先生。

　　明崇祯九年(1636)二十岁,八月参加在省城举行的乡试,考取举人。李化熙以进士、浙江湖州府推官身份担任浙江丙子乡试同考官,是余缙的房师。当年赴京准备次年会试。

　　明崇祯十年(1637)二十一岁,三月,一赴京城参加会试,不第。同乡好友天津副帅张羽辰遣校迎至天津,热情款待十日,意气相投。

　　明崇祯十二年(1639)二十三岁,兄余纶被录取为举人。娶妻郑氏成家,冬赴京城准备次年春天会试,二赴南宫。

　　明崇祯十三年(1640)二十四岁,正月二十五,长子毓澄出生,字靖澜,号若山和退庵。春,二赴南宫,不第,仍奋发努力,坚持学习。

　　明崇祯十五年(1642)二十六岁,三月三十日,次子毓泳出生,字景涵,号晚成,太学生,考授州同知。冬,与兄余纶赴京准备来春会试。京城戒严,达吴门而返,为严灏亭、吴岱观等十余人,除夕前回高湖。

明崇祯十六年(1643)二十七岁,二月初三日,三子毓瀚出生,字钜溶,号坦庵。会试改期为八月。六月,与兄同赴京会试。兄余纶高中进士,授福建兴化府推官,未赴任。余缙第三次落第,不气馁,自思不足之处,下苦功研读古文辞。

明崇祯十七年(1644)二十八岁,三月,诸暨知县萧琦邀游五泄,归至草塔,函闻国变。

清顺治二年(1645)二十九岁,六月二十二日,四子毓淳出生,字湛明,号沧涯。后任直隶河间府通判,例授承德郎。坚持学习,伺机而动,决意科举。

清顺治六年(1649)三十三岁,十月十七日,五子毓浩出生,字汉倬,号任庵,又号圆。由贡生任江西广信府玉山县知县,敕授文林郎,后移居枫桥。

清顺治八年(1651)三十五岁,六月十九日,幼子毓湘出生,字潇友,号南湖,后迁居郡城。

清顺治九年(1652)三十六岁,北上赴试,三月通过会试,成贡士。经过殿试,中三甲一百五十一名进士,诸暨同科有章平事、陈可畏。五月,京城会好友傅图烟(号存古),后荣归故里。是年,黄河决封丘大王庙,冲毁县城。

清顺治十年(1653)三十七岁,秋,北上京城谒选,好友傅图烟送至京口,谒选得河南封丘知县。

清顺治十一年(1654)三十八岁,春正月,任河南封丘知县，临行前父教诲其要做"心"字百姓。六月，黄河再次决口大王庙，城郭淹没，余缙寄处水滨，奔走竭力救灾治河。作《自悼》《自喜》《自怜》《自惭》系列诗。

秋，以进士、知县身份充任河南乡试同考官，抵共城，游百泉、啸台等多日，作《共城游记》《十方院小息，得故乡了原上人》等篇。

清顺治十二年（1655）三十九岁，六月，迎接大理寺卿吴库礼等官员对黄河大王庙决口的视察。开始筹集资金恢复灾后重建，十一月，河工竣工，三大士院完成重修。

清顺治十四年（1657）四十一岁，解决封丘协济驿递之苦。捐俸修建封丘县衙、城隍庙、学宫等，振兴文教。

清顺治十五年（1658）四十二岁，主持重修封丘儒学，奉河南巡抚之命主修《封丘县志》。

清顺治十六年（1659）四十三岁，夏五月，纂成《封丘县志》九卷。治理封丘业绩出色，中州考核名列第一，被召入都，为山西道试监察御史。写作七律《己亥除夕守岁》。

清顺治十七年（1660）四十四岁，正月，兄余纶中风，半身不遂。余缙功绩出色，三月初六日受皇帝浩敕，授文林郎，原配郑氏封孺人，父元文与母赵太君俱受封。四月初六日，原配郑氏夫人卒。奉命巡视北城及光禄，革除陋规，严惩胥役。

清顺治十八年（1661）四十五岁，二十九日（己卯）时有多人提出放弃舟山，山西道御史的余缙高瞻远瞩，上疏皇上:舟山宜守,小门宜防;请于小门安置炮位,严添防戍,以保全东南疆土。下部速议行。上《陈情终养疏》,乞归养父母。五月初四,兄余纶卒。秋,归养父母。

清康熙二年(1663)四十七岁,秋,侄余一燿中举,十月初十日母卒,寿八十。开始居家守制。

清康熙三年(1664)四十八岁,七月初二日父元文逝世,寿八十。开始丁忧,守制。

清康熙六年(1667)五十一岁,四月抵京赴补,复授河南道监察御史,上《请复朝觐疏》《恭请严禁畜优疏》《遵旨指名疏》等,十一月二十六日浩敕一道,授为承德郎,配郑氏赠安人,父母均受封。

清康熙七年(1668)五十二岁,途经绍兴,面对哈帅虐政,毅然弹劾,康熙皇后赠"柱史第"。是年巡视京城。

清康熙九年(1670)五十四岁,以御史巡视天津长芦盐政,撰《天津盐坨厅碑记》。以使事诣泰安、祀孔庙。上《严禁私盐疏》《认地行盐疏》《四愿疏》等。

清康熙十年(1671)五十五岁,春巡视河南,作《飞来石》《历下游记》《共城游记》等篇。

清康熙十一年(1672)五十六岁,长子余毓澄拔贡。

清康熙十二年(1673)五十七岁,以迁葬请告,后辞官回乡,闭户嗜书,悠然林下,严格教育儿孙。足疾时发,迁居于绍兴之观仁里居住,与好友姜希辙协助闽督姚启圣修建三江闸,任乡饮大宾。

清康熙十三年(1674)五十八岁,七月,绍兴甲寅之乱时,散家财,募死士,御山贼,受总督李之芳嘉奖。儿子毓淳、毓浩先后入京谒选。

清康熙十四年(1675)五十九岁,长子余毓澄中举人,在杭寓所宴请子同年许汝霖等。

清康熙十九年(1680)六十四岁,建高湖余氏宗祠,置祭田、设义仓、立义学,资助宗亲贫穷者。

清康熙二十年(1681)六十五岁,八月,五子余毓浩任江西玉山知县。

清康熙二十一年(1682)六十六岁,侄子余一燿中康熙壬戌科三甲九十七名进士,任内阁中书,例授征仕郎,与长子余毓澄同科。毓澄会试成贡士,因身体原因未殿试,回乡省亲。

清康熙二十三年(1684)六十八岁,作《骆念庵先生墓志铭》。

清康熙二十五年(1686)七十岁,三月,三江闸完工,姜希辙撰《三江闸胡公添造闸板及补给闸夫工食碑记》,徐泰来正书,余缙篆额。

清康熙二十七年(1688)七十二岁,正月十七日,孙懋棵(幼子毓湘之子)出生,字舟尹,号萝村。邑禀生,雍正己酉、庚戌科(1730)联捷进士,任杭州府教授。长子余毓澄年补殿试,中二甲三十九名进士。

清康熙二十八年(1689)七十三岁,十一月二十六日

（1690年1月6日）巳时于绍兴观仁里第去世,享年七十三岁,次年十二月初四日与夫人合葬于高湖东阮山,清代著名思想家黄宗羲为其作墓志铭。后以子毓浩诰赠奉政大夫、曾孙文仪晋赠荣禄大夫、刑部尚书。

余缙传

　　余缙，字仲绅，浙江诸暨人。顺治九年进士，授河南封丘知县。兵后流亡未复，弃地弥望，朝议兴屯，设道、厅董之。民田征赋，屯田征租，租视赋为重，民弃屯不耕。府县吏急考成，以屯租散入田赋，民失业。总督李荫祖行部至县，缙导观民间困苦状，荫祖疏闻，兴屯道、厅悉罢。十七年，行取授山西道御史，乞养归。起河南道御史。

　　康熙初，郑成功已死，其子锦屯厦门。有议弃舟山者，缙上疏争之，略谓："浙江三面环海，宁波尤孤悬海隅，以舟山为外藩，不知行间诸臣何所见而倡捐弃之议？江海门户，敛手委之逆竖。夫闽海只一厦门，数万之众环而攻之，穷年不能下。奈何以已克之舟山增其巢穴？"福建总督李率泰议迁海滨居民，缙复疏争之。略谓："海滨之民与贼狃处,一二冥顽贪狯嗜厚利,通消息以相接济者,固未必无之。但据所称排头、方田诸处,民或盗牧马,或缚穷民潜送厦门。当此两军相望,巡徼严密,虽有奸宄,安能飞渡? 是其号令不肃,已可概见。"又云:"派拨舵工、水手,公然不应。海上舵工名曰老大,其人必少长海舟内,外洋岛屿径路靡不熟历,而后驾风使舵,操纵自如。奈何责之素不练习之民,视同里役,横加佥派? 彼即勉强应役,技既不精,心复叵测,万一变从中起,将置数十万奋戈持满之士于何地?"两疏语皆切至。

圣祖亲政,顺治间建言诸臣坐迁谪者次第赦还,惟议及逃人不在赦例。居数年,诏宽逃人禁。缙疏请敕部察当日建言被谪诸臣,存者召还录用,殁者归葬赠恤。寻命巡视长芦盐政。以改葬乞归。二十八年,卒于家。

缙廉而能,治事尤持正。妖人朱方旦言祸福,朝士多信之。缙曰:"此妄男子耳,于法当诛。"方旦卒坐死。

(选自《清史稿〈卷 282〉》)

余氏家训

颜伯子①曰：但念得身从何来，父母从何往，新枝即起，旧本为枯，菽水承欢，何能报答，则孝心自然疼痛。但念得茫茫大造，出世几时，渺渺人寰，同胞几个，幼相濡沫，老共护持，则友爱自然肫恳。

颜光衷曰：天下有四等父母待孝尤切，曰老，曰病，曰鳏寡，曰贫乏。父母当壮时，起居皆可自便。至于衰老，扶杖难支，举动恒必需人。且齿牙脱落，食少粗而难咽；气血衰微，棉虽重而不暖。又或重以疾病，久卧床第，遗溺遗溲，秽恶不堪。子之难奉其亲者惟此时，亲之赖有其子者亦惟此时。又如老境失偶，依傍无人，鳏父已难堪矣，孀母

---

① 颜伯子：即颜光衷、颜茂猷，漳州平和县人，明思宗崇祯七年文科进士。是晚明劝善运动的积极推动者。宋代《太上感应篇》问世后，继之有《阴骘文》《觉世经》等善书出现。

殆有甚焉。就使儿孙满前，耦者耦，稚者稚，夫妻母子各乐其乐，徒使鳏父寡母形单影只，其寂寞有难言者矣。甚至少年孀亲，或乞哀于舅姑之旁，或取气于伯叔之下，常有不能如其意者。至于春花秋月，触处伤心，又不独孤灯独照乃见凄凉也。又有抚育财匮，婚嫁力竭，衰暮之年反无以自瞻者，子或经营致富，便谓财非父母有也，妻子坐享丰厚，父母每致穷愁。嗟乎！身从何来？而竟若此乎！

胡振安①曰："吾邑节孝朱先生曰：人家兄弟当作二想，则无不为兄友弟恭矣。二想者何？当养生送死时，应作父母少生一子想；当析产授业时，应作父母多生一子想。"此真至论也。独今之人，以兄弟多人之故，而于父母用财则互相推诿，当为者不为，至使父母生失养、死不葬而不顾及；受父母之财则互相争竞，不当为者亦为，往往富者破家、贫者愈贫而亦不顾。噫！当父母生子之时，多生一子则多增一喜怀，谓蕃衍之可庆也。今若此，则是多生一子即增一祸害，不如不生之为愈也。言及此，其亦可痛也夫！

羔知跪乳，乌知反哺，禽兽犹亲父母，况于人类，孰无天性？乃有俨然衣冠之列而视其亲如路人、弃其亲如萍梗者，询厥所由，则云居处、服用不如志也，妻子、奴婢蹢躅无展舒之地也，与父母居而无所加厚于我也，有勤劳于父母

---

① 胡振安：善人、劝善者。康熙十年(1671)著《汇编功过格》。

而未尝报酬也。噫，亦思此身从何来！古人履贫则负戴养志，居亨则浣厕涤牏，虽艰难险阻、饥寒穷困不忍顷刻离亲者，此何为耶？负槐羔乌、不若驹犊矣。

张公艺[①]云：守家法，勿听妇人言，此家政第一义也。古人九世同居，百犬共牢而食，一犬不至，则众犬为之不食。今人甫有室家，辄思异居各爨，甚至信枕席之谗言，致骨肉如寇仇，手足同胡越！曾谓须眉丈夫不若张公艺之犬哉！

人谓子孙愚懦者覆宗，不知覆宗偏在巧而愎者。人谓祖、父厚积者诒谋，不知诒谋偏在薄于取者。

袁氏曰：人之有子，多于孺婴之时，爱忘其丑，恣其所求。无故呼号，不知禁止，而以罪保母；凌轹同辈，不知戒约，而以咎他人。或言其不善，则曰小未任责，日渐月渍，养成其慝，皆父母曲爱之过也。及年齿渐长，爱心渐驰，微有疵失，遂生憎怒，指为人大罪。或遇亲知，历历陈数，断然加之不孝之罪，而其子实无他罪。此又父母妄憎之过也。故子幼必待以严，子壮毋薄其爱，庶几初终可保慈孝两全矣。

又曰：人有数子，饮食衣服之类不可不均一，尊卑长幼之礼不可不谨严，贤否是非之迹不可不明辨。幼而示之以

---

① 张公艺：郓州寿张人。生于北齐承光二年(578)，卒于唐仪凤元年(676)，历北齐、北周、隋、唐四代，寿九十九岁。他们家族九辈同居，是我国历史上治家的典范。

均一,则长无争竞之端;幼而责之以谨严,则长无悖慢之患;幼而教之以是非分别,则长无从恶之累。

颜氏曰:子孙有过,祖、父多不自知,贵宦尤甚。盖子孙放恣,多掩蔽祖、父之耳目,外人知之,窃笑而已。况贵人进见有时,方称功颂德之不暇,孰敢言其子孙之过?又或自以子孙为贤,而以人言为诬。故子孙有弥天之罪,而祖、父恒不知也。间有家训颇严,而母氏犹能庇溺其子,不使上闻。夫寻常子孙,不肖不过赌荡而已;贵门子弟,则或强占人物,强夺人产,党群小以凌人,饰浮词以致讼,颠倒事理以激父兄,伪作札刺以绐官长,曲庇法纪以示担当,抗胁前辈以示威福,其怨毒祸败固非一端。贤达者鉴此,常关防采访,或庶几焉。不特惧无成立也,彼娇贵子谬列科名则蹶张尤甚,往往有恃才横行、侮蔑伦纪,其败坏祖泽,更何如哉!

子弟少年时,不当以世务分读书,但令以读书通世务,切勿顺其所欲,须要训之以谦恭,时时遏抑他,则骄气自除。鲜衣美食当为之禁,淫朋匪友勿令之亲,则志自然、朴实、近理。其相貌不论好丑,果能终日读书静坐,便有一种文雅可观,即一颦一笑亦觉有致。若恣肆失学,行同市井,纵美如冠玉,列之文墨之地,但觉面目可憎,即彼自视亦觉置身无地矣。

世家子弟不知稼穑艰难,每每怠惰奢侈,不习礼节,皆由父兄失教之故。盖子弟之贤不肖,关乎家运之绝续。为父兄者，诚心端行，上之有潜孚默夺之神工；巽语法言，次之有随事化诲之实训。此当有一段苦心，非徒责之子弟也。少年子弟不可令其浮闲无业，必察其资性、才力，无论农工商贾，授一业以与之，习则心有所闲，身有所拘，外而经营，内而谋划，自然无暇他想矣。若任其闲游，饱食终日，必流入花酒、呼卢、斗狠之中，诸般事俱做出来，势必荡产破家、亡身败行。故为人父兄者，必寻一事早令他做，非定要他得利也。即其事无大利，而拘束了身心，演习了世务，谙练了人情，长进了学识，这便是大利益也，岂必得金哉！若纵容子孙，闲浮惯了，是送上贫穷道路，虽遗金千万，有何益哉？

天下至乐莫如读书，至要莫如教子。

读书，起家之本；勤俭，治家之本；和睦，齐家之本；循理，保家之本。

和睦勤俭家必隆，乖戾娇奢家必败。此理如操券，不可不省悟也。

教子弟如养闺女，要严出入、谨交游。若一接近匪人，是清净田中下一不净种子，便终身难植嘉禾矣。

不肖子不肯作家，无论已。至如肯作家者，十分精紧，一丝不漏，亦不是好消息，其家必有奇祸。须知从宽一分，留有余不尽之意，祚方绵远。

读书之法，在循序而渐进，熟读而静思。先须熟读，使其言皆若出于吾之口；继以精思，使其意皆若出于吾之心。

存养即所以立本,穷理即所以达道。存养后方能穷理,穷理后又须存养。不先存养,则心体昏放,大本不立,何能穷理?穷理后若不存养,则理无归著,随得而随失矣,何能为我有?

性躁心粗者一事无成,心和气平者百福自集。

人家皆以饥寒为患,不知所患者正在不饥不寒耳。此语最宜深味。

今日居官受禄,须思往日做秀才时,又须思后日解官时。思前则知足,思后则知俭。此过去心、未来心不可无。

大丈夫遇权门须脚硬,在谏垣须口硬。肤受之愬须心硬,浸润之谮须耳硬。

官虽至尊,决不可以人之生命佐己之喜怒;官虽至卑,决不可以己之生命佐人之喜怒。

家本农桑,虽宦达,当记得先人栉风沐雨,世守耕读,纵富贵,莫忘却平日淡饭黄齑。

做人要学大,莫学小;志趋一卑污了,品格难乎其高。作家要学小,莫学大;门面一弄阔了,后来难乎为继。

俭之一字,众妙之门。无求于人,寡欲于己,可以养德;淡泊明志,清虚毓神,可以养志;刻苦自励,节用少求,可以养廉;忍不足于前,留有余于后,可以养福。

天地所生财物,固以供人之用,然必撙节爱惜,存不得已而后用之之意。所处虽有余,当常惧不足,方能用度相继续。倘务奢侈淫纵,任意枉费,不惟所用易竭,而暴殄天物尤为造化所忌,安能久享?

人生现在之福,积自祖宗,不可不惜;将来之福,贻于子孙,不可不培。夫现在之福如燃灯,随燃即随灭;将来之福如添油,愈添则愈久。古人留不尽以贻子孙,盖为此也。

世人眼光短,见善恶急于得报,若一时未验,便谓因果无征。不知报之迟速,不出四五十年,此数十年在无穷中直一瞬耳。此老无急性,有记性,人但办一片忍耐心、长远心,打大算盘,归除到底,久久定不错也。

欲不除,似蛾扑灯,焚身乃止;贪无了,如猩嗜酒,鞭血方休。当得意时,须寻一条退路,然后不死于安乐;当失意时,须寻一条出路,然后可生于忧患。

仁厚刻薄是修短关,谦抑盈满是祸福关,勤俭奢侈是贫富关,保养咨纵是人鬼关。

德业常看胜我者,则愧耻自生;福禄常看我不如我者,则怨尤自息。

毋以小嫌疏至戚,毋以新怨忘旧恩。

人好刚,吾以柔胜之;人用术,吾以诚感之;人使气,吾以理屈之:天下无难处之事矣!

天下事,未有是全在我、不是全在别人之理。但念自己一个不是,则吾之气平;但说自己一个不是,即人之气亦平矣。

百病从口入,百祸从口出。故颐曰:慎言语,节饮食。

忍耐是处境第一法,安详是应事第一法,谦退是保身第一法,涵容是待人第一法,潇洒是养心第一法。

正家之道,宜痛绝闲杂女流,不可容其出入。蓋此流多阴智,能揣妇人意,且巧为词说,又能鼓动人,妻孥无职,未有不堕其术中。故骨肉之离间,邻里之纷争,皆此辈搆之也。抑或甚焉,或为贼之导,或为奸之媒,其害有不可胜言者。

人之于妻也,宜防其蔽子之过;于后妻也,宜防其诬子之过;于姜婢也,宜防其长舌起家庭之衅。

子弟美质,须令晦养深厚。天道:不翕聚则不能发散。花之千叶者无实,为英华太露耳。

人生堕地,名位分数已定,非他人能提挈,亦非他人能摧败。把柄在我,进退有命,小人枉用计谋,君子无劳准备。

受些穷光景,每事节省尽过得;监事着一"苟"字,便坏自身;享用着一"苟"字,便安吾一生,于此得力。

凡人施恩于不报之地,便是积阴德以遗子孙;使人敢怒而不敢言,便是损阴德处。随事皆然,当官尤甚。

善为至宝,一生用之不尽;心作良田,百世耕之有余。

暗箭射人者,人不能防;借刀杀人者,己不费力。自谓巧矣,而造化尤巧焉。我善暗箭,造物还之以明箭,而更不能防;我善借刀,造物还之以自刀,而更不费力。然则巧于射人、杀人者,乃巧于自射、自杀耳。

见人学好,多方赞成;见人差错,多方提醒。见人丰显,则谈其致福之由;见人苦难,则原其所处之不幸。斯长者之道也。若忌成乐败,何与人事?徒自坏心术耳。

常想病时,则欲心渐减;常想因果,则淫念自息。

凡人要读书,须先收拾身心令安静,然后开卷方有益。待有余而后济人,必无济人之日;待有暇而后读书,必无读书之时。

事当快意处须转,言到快意处须住。不可行之事,口莫说;不可言之事,心莫萌。

小人固当远,然亦不可显为仇敌;君子固当亲,然亦不可曲为附和。

富贵家宜劝他宽,聪明人宜劝他厚。

凡一事关人终身者,纵实见实闻,不可着口;凡一语伤我长厚者,虽闲谈戏谑,慎勿形言。

四海和平之福,只在随缘;一生牵惹之劳,止因好事。

见事敏捷,应答如流,案无留牍,亦似可嘉。然忙中十有九错,还须以精详沉重为先。

处家置事,遭一番魔障,益长一番练达;御人接物,容一番横逆,益增一番器度。此皆动心忍性、立身成德之境,不可轻易视过。

静坐然后知平日之气浮,守默然后知平日之言躁,省事然后知平日之冗杂,闭户然后知平日之交滥,寡欲然后知平日之病多,近情然后知平日之念刻。

命虽在天,而制命实在己。如人素羸瘠,乃能兢兢业业，凡酒色伤生之事皆不敢为，则其寿固可延永矣。如人素强壮，乃恃其强，恣意做伤生之事，则其祸可立待也。此岂非命在天而制命在己与？

孝友如饮食、衣服，一日不足，便有饥寒性命之忧。其他如锦衣玉食，有之足备观美，无之亦不甚害事。今人事事要好，却于父母兄弟间都不如意，譬如树木根本已枯，虽剪彩为花，能有几日好看？

父不慈，子不孝，兄不友，弟不恭，贫穷之兆也。逞豪横，纵淫邪，逆天理，灭人伦，绝灭之招也。

王墨池云：世人贪求，不过为身家与子孙耳。谁知破坏身家、殃毒子孙正在于此，念之自当狂心顿歇。

钱癖者只为子孙计久远，不知多少侈豪而灭门，多少清白而发迹。矧福禄有数，多得不义之财，留冤债与子孙偿，非福也。

人伦贤否相杂，或父子不能皆贤，或兄弟不能皆令，或夫流荡，或妻悍暴，少有一家之中无此患者，虽圣贤亦无如之何。譬如身有疮痍疣赘，虽甚可恶，不可决去，惟当宽怀处之。能知此理，则胸中泰然矣。

且慢向外方为善，家庭骨肉有做不了的功夫，何须买他物放生？耳儒目染之间，有活不尽的性命。

参考书目

〔清〕余缙:《大观堂文集》,康熙三十八年刻影印本。

余文祥等:《暨阳高湖余氏宗谱》,民国三十六年雍肃堂活字本。

余孟根等:《暨阳高湖余氏宗谱》,2012年(壬辰)重修本。

〔清〕余缙主修、李嵩阳等:《封丘县志》,顺治十六年刻影印本。

〔清〕王锡魁:《封丘县志》,康熙十九年刻本。

〔清〕楼卜瀍:《诸暨县志》,乾隆三十五年刻本。

〔清〕陈遹声等:《国朝三修诸暨县志》,光绪刻本。

〔清〕黄掌纶:《长芦盐法志》,嘉庆刻本。

《清史稿》,中华书局点校本。

《清实录》,中华书局1986年影印本。

〔清〕余坤:《钦命四书诗题》,影印本。

长芦场志编修委员会:《长芦盐志》,百花文艺出版社,

1992 年 7 月。

王德昭:《清代科举制度研究》,中华书局,1984 年
2 月。

章玉安:《绍兴教育史》,中华书局,2004 年 9 月。

〔清〕余缙:《大观堂文集》,余文军点勘、胡育慧校注,
浙江大学出版社,2018 年 1 月。

陈梧桐、陈名杰:《黄河传》,河北大学出版社,2001 年
6 月。

许伟君:《乡关三千年》,浙江人民出版社,2013 年
11 月。

徐梓、王立刚:《科举·秀才》,中华书局,2018 年
3 月。

杨义堂:《祭孔大典》,山东出版集团、山东教育电子音
像出版社。

后　记

　　历史的年轮总是烙下苍老的印记,在混沌的思维中,拂去哲学的临摹,唯有浙江诸暨高湖余氏一门八进士的经典书香故事还始终相伴,绵延不绝,源远流长。

　　余缙,顺治九年(1652)进士,先后授河南封丘知县、山西道试监察御史、河南道监察御史。他满腹诗书又胆略过人,号称"铁面御史",爱民如子,清廉做官,生性倔强而富有捷才,以廉直能言闻名。他撰写了《余氏家训》:天下至乐莫如读书,至要莫如教子……

　　作为余氏家族承上启下的人物,余缙把读书和教子放到了至高无上的地位,深远地影响着余氏后人。在诸暨高湖之穷乡偏壤,弹丸之地,乌衣之家,不到二百年的时间里,一个又一个余氏后人走出村落,登上科举之巅,代代相继,凝结成一个数量可观的进士家族和文人集团。他们传承读书至上的家训家风,先后走出八名进士,十名举人,著作无数。近现代又涌现了诗书画印兼擅的艺术大家余任天、国际知名哲学教授余纪元等名人,诞生了全国也十分罕见的文化现象,值得深究。

人世苍茫,四百年一晃而过,余缙文学之光华、为官之清廉、为人之刚直、家族之精神,历久弥新,星光灿烂,熠熠生辉。其嘉言懿行为后人提供教养涵濡之荫泽,成为后人成长之人格榜样与思想资源。

在两年多时间里,我只能在教育工作之余来查考资料和写作,遇到的困难可想而知,加上身患髋关节滑膜炎而不能久坐,因此许多次萌发出放弃的念头。但我还是被家族的精神所感召,克服一切困难,以顽强的意志坚持了下来。

执笔中,我参考了《暨阳高湖余氏家谱》《大观堂文集》《封丘县志》等大量书籍资料,但古文晦涩难懂,加上年代久远,资料十分匮乏,常常为考证一个细节花费很多精力。但不管怎样,我始终坚持秉承历史,还原事件的真实客观为原则,进一步查阅历史资料,补充故事传说,努力丰盈人物特点。虽然对有些事件做了合理的推想,但尽量做到符合历史及人物特点。

同族师长余孟根、余文军对本人的撰写给予一定的帮助和指导,特别是余文军点勘、胡育慧校注的《大观堂文集》出版,使本人站在了巨人的肩膀上,新入职的丽水学院优秀毕业生魏简熠老师意绘了余缙画像,在此对所有关心支持本人写作的人士一并表示感谢!

不久,余缙的故里诸暨高湖将改造成高湖湿地公园。该书提供了研究清朝诸暨科举文化和乡村文化的样本,对丰富高湖湿地的文化内涵起着不可或缺的作用。

作为余缙的后人来撰写他的传记,其意义是无以言表的。由于本人才识疏浅,恳请各位斧正。

余缙第九世孙余全耿

2018 年 7 月于诸暨市暨阳街道中心学校